NHK BOOKS
1241

アメリカ大統領制の現在

権限の弱さをどう乗り越えるか

machidori satoshi
待鳥聡史

NHK出版

はじめに

四年に一度、アメリカには大きな「お祭り」がやってくる。大統領選挙である。大統領を決める有権者の投票が行われるのは一一月の第一月曜日の次の火曜日、つまり一一月二日以降の最初の火曜日と決まっている。

それまでには一年以上にわたって選挙戦が展開される。近年では選挙戦の期間が延びる傾向にあり、各政党が大統領候補を決める過程は、前年秋頃から実質的に始まるようになった。年明けの一月にはアイオワ州の党員集会、ニューハンプシャー州の予備選挙があり、これらを皮切りにして州ごと、党ごとの候補者指名が進められていく。三月にはスーパーチューズデーと呼ばれる、南部を中心に多くの州が一斉に指名を行う日があり、その後にはフロリダ州やニューヨーク州、カリフォルニア州など人口の多い州での予備選挙がある。候補者確定は七月から九月初旬にかけての全国党大会でなされ、主要政党の候補者同士の討論会などを経て、いよいよ一一月の本選挙に至る。実に長い道のりである。大統領選挙が行われるときには、連邦議会の下院全員と上院三分の一の議員改選、一〇程度の州の知事選挙なども行われるため、まさに「お祭り」と呼ぶにふさわしい、一大イヴェントとなる。

新大統領が決まれば、政権の陣容や目指す政策の方向性についての予測が飛び交う。アメリカでは大統領が代わればホワイトハウスの庭師まで代わるといわれるほど、政権交代に伴う人の入れ替わりがある。政権ごとに任用される政府の高官や大統領のスタッフは「政治任用者」と総称されるが、政治任用を目指す人々は首都ワシントン近辺のシンクタンクや大学などに在職しながら、自らが任用される日を待っている。もちろん、ただ待つだけではなく自らを売り込んだり、人によっては新政権発足前の時期になると新聞辞令などの観測気球を使って任用の可能性を高めることも厭《いと》わないため、喧噪《けんそう》はまだまだ続く。それはあたかも、大統領を中心にした一大産業が成り立っているかのようだ。

それはアメリカ以外のところにも及ぶ。たとえば日本でも、新政権でアメリカはこうなるとか、新政権のキーパーソンは誰々だ、といった解説が多数現れる。中には、現地報道やインターネットから寄せ集めた断片的な情報を、吟味もせずに送り出しているだけという例がないわけではないだろう。しかし、適切な予測や解説を行うには、アメリカの政治に広く目配りして情報を更新し続けなくてはならないから、注目度が低い時期にも丁寧な観察を続けられているかどうか、解説する論者の真価も問われる場面である。

大統領選挙から新政権発足が重要な政治的イヴェントであることは間違いない。だが、アメリカの大統領が現実に直面し続けてきたのは、世界的注目を集めて就任したにもかかわらず、政策決定を行うにはあまりに制約が大きいという現実であった。ハリー・トルーマンは、第二次世界大戦の末期、フランクリン・ローズヴェルトの没後に大統領を引き継ぎ、戦時から平時への国内体制の変化と冷戦の始まりという新しい国際情勢の両方に直面した。彼が退任するときに、第二次世界大戦の英雄であり、戦後は北大西洋条約機構（NATO）軍の最高司令官を務めた後に大統領に転じることになったドワイト・アイゼンハウアーについて語ったとされる次の言葉は、アメリカ大統領の困難を端的に示している。

「〔アイゼンハウアーは〕こんなふうにいうだろう。『これをしろ！　あれをやれ！』とね。**でも何も起こりはしない**。かわいそうなアイク――大統領という仕事は、陸軍とは全然違うのだよ。彼はそれがとても欲求不満の募るものだと知ることになるだろう」（Neustadt 1990: 10. ゴチックは原典イタリック）

なぜ「何も起こりはしない」のだろうか。大統領の仕事はなぜ「欲求不満の募るもの」なのだろうか。別の言い方をすれば、アメリカの大統領はなぜ思い通りの政策決定ができないのだろうか。思い通りの政策決定ができない存在なのに、なぜこれほどの注目と期待を集めるのだろうか。

そして、このような現実に対して、アメリカの大統領はどのように対処しているのだろうか。これらの問いに答えることを、本書は目指している。

今年（二〇一六年）は、四年に一度の「お祭り」であるアメリカ大統領選挙が行われる。現職のバラク・オバマは、三選を禁止する合衆国憲法の規定で立候補できないので、新人同士の争いになっている。したがって、二〇一七年早々には必ず新しい大統領が就任し、新政権が発足する。本書は、大統領選挙のリポートや新政権に関する予測を行うわけではない。現在進行形の出来事を直接に検討するのではなく、歴史的な展開や国際的な制度比較の観点から、アメリカの大統領が常に直面する困難さや課題について明らかにしようとする。その意味では現状理解にとって間接的で遠回りとなるアプローチをしているともいえる。しかし、新しい大統領の人柄や政治的立場、政権の陣容についての信頼できるリアルタイムの情報と、本書の知見を組み合わせることによって、アメリカ政治の現状と将来についての理解が深まるならば、著者としての望外の喜びである。

目次

校　　閲　山本則子
ＤＴＰ　㈱ノムラ
地図作成　原　清人

第一章
大統領制の誕生

今日、アメリカに大統領というポストが存在し、その地位に就く政治家はアメリカのみならず国際政治の最重要指導者であることは、改めていうまでもない。ブラジル、韓国、フィリピン、ロシア、南アフリカなど、世界に大統領を置く国はたくさんあるが、「大統領」と呼ばれる人物がいる国として多くの人がまず思い浮かべるのは、アメリカではないだろうか。アメリカが国際的に圧倒的な存在感を示す超大国であることを考えれば、それは当然のことかもしれない。

大統領ポストを設け、実質的な権限を与えた上で、それを有権者による定期的な選挙によって任用する政治の仕組みを「大統領制」と呼ぶ。近代国家として初めて大統領制を採用したのが、アメリカであった。アメリカは大統領制の代名詞であり、同時に大統領制はアメリカの代名詞でもある。

それは単なる印象論ではなく、現代アメリカ政治の実像を反映してもいる。一七八八年に今日まで続く合衆国憲法が発効したときから、アメリカの政治制度は二つの柱によって成り立ってきた。一つは、首都ワシントンにある連邦政府と、カリフォルニアやテキサスなど各地の州政府が分業する「連邦制」である。もう一つは、連邦政府内部で行政部門の長（執政長官）である大統領、立法を担う議会の上院と下院、そして司法部門である裁判所が、分業しながら抑制と均衡の関係を形成する「権力分立制」である。大統領制は、権力分立制の別の呼び方だといってよい。[*1]そして現在では、州政府よりも連邦政府の存在感が、そして連邦政府の内部では大統領の影響力が、それぞれ大きくなっている。間違いなく、大統領は現代アメリカ政治の主役である。

しかし、連邦制の下で連邦政府の役割が相対的に大きくなり、権力分立制の下で大統領の役割が大きくなったのは、むしろ新しい現象である。歴史を振り返れば、アメリカ政治と大統領の関係は常に明快だったわけではない。大統領制を採用することさえ、一七七六年の独立宣言直後にはもちろん、その一一年後に当たる一七八七年の合衆国憲法制定会議（フィラデルフィア憲法制定会議）でも、最終段階まで確定してはいなかった。創設された大統領ポストも、誰もが認める有力者であったジョージ・ワシントンが初代大統領に就任したとはいえ、基本的には連邦議会を抑制する存在として位置づけられていた。そもそも、憲法制定時点では連邦政府が担うべき仕事そのものが限定的で、その大部分は連邦議会が引き受けることになっていた。

合衆国憲法が発効し、連邦政府が活動を開始した時点でのアメリカ大統領制は、議会に多くの役割を認めるという点で、実はイギリスなど議院内閣制諸国の制度に近い面すら持っていた。その後も、エイブラハム・リンカーンが卓越した指導力を発揮した南北戦争（一八六一～六五年）のような国家的危機を例外として、大統領が政治指導者として重要な役割を果たすことは、一九世紀には稀《まれ》であった。大統領の役割が大きい外交に関しても、当時のアメリカはもっぱら大陸での領土拡張と国内発展に専心しており、かつモンロー宣言によって西半球の自律を追求していたこともあって、ヨーロッパ列強中心の外交に関与することはほとんどなかった。アメリカ政治の中心的舞台は州であり、連邦議会だったのであって、大統領は脇役だったというべきだろう。

様相が大きく変化するのは、一九世紀末のことである。この時期は、国内におけるフロンティアの消滅、米西戦争（一八九八年）以降の積極的な海洋進出の始まり、さらには産業革命による世界最大の工業国への発展といった点に注目されることが多い。外交の持つ意味が増大したことは、大統領の存在感を強めた。アメリカの政治構造を考える上で、これらの変化と並んで大きな意義を持つのが、連邦政府の役割が増大し始めるとともに、その大部分を大統領が引き受けるようになったことである。北欧諸国などに比べれば簡素なものに過ぎないが、国内的に見れば「福祉国家」あるいは「行政国家」の形成が始まったのである。この流れは、ときに多少の揺り戻しを経験しつつも、基本的に今日まで継続している。

本章では、イギリス領植民地としてその政治的伝統を継承したアメリカに、大統領制という新しい政治の仕組みが生まれるまでの過程を明らかにする。今日、イギリスは議院内閣制の代表例、アメリカは大統領制の代表例だと一般に思われているかもしれないが、両者のルーツは共通していた。そしてそのことは、アメリカ大統領が直面する困難の源泉ともなったのである。

一 独立戦争以前の政治制度

(1) 一三植民地の成立

クリストファー・コロンブスが一四九二年に西インド諸島に到達しアメリカを発見したというのは、今日ではいくつもの重大な留保が必要だとされている。コロンブスの到着以前に大洋を渡って西インド諸島に到達していた人がいたともいわれるし、彼自身も自らがたどり着いたのはインドだと思いこんでいたのであって、アメリカを発見したという意識はなかった。何よりも西インド諸島には太古からの先住民（ネイティヴ・アメリカン）がいた。地理上の発見が誰も住んでいない未知の場所への人類初の到達を指すのであれば、コロンブスがアメリカを発見したというのは誤りであるか、あるいはヨーロッパのキリスト教徒のみを人だと見なしていた時代に作られた歴史的な表現に過ぎない。一六世紀初頭のアメリゴ・ヴェスプッチによるアメリカ大陸の発見についても同じことがいえる。

しかし、ヨーロッパ人の到達がアメリカ大陸を社会経済的に大きく変え、彼らによる植民地化がアメリカ大陸に先住民のみがいた時期とは全く異なった政治的伝統を作り出したことは確かである。スペインやポルトガルが植民地化したラテンアメリカ（今日のメキシコ以南）と、フランスやオランダ、そしてイギリスの勢力が多く入植したアングロアメリカ（今日のアメリカ合衆国とカナダ）は、ともに先住民を圧迫しながら植民地として成立したが、その後はおおむね異なった展開をたどることになる。現代にまで至るアメリカ合衆国の政治のあり方を考えるときには、ヨーロッパ人の到達と植民地形成を叙述の始点にすることと、領域的にはカナダを除くアングロアメリカのみを対象にすることは、依然として妥当だというべきだろう。[*2] このような理解に基づき、以下の本書で単に「アメリカ」と記す場合には、時期的にはヨーロッパ人の到達以降を、空間的には「アメリカ合衆国」を指す。

現在のアメリカに当たる地域へのイングランド人の入植は、一六〇六年に国王ジェイムズ一世からの勅許《ちょっきょ》（設置・運営の認可）に基づいて創設されたヴァージニア会社が、翌一六〇七年に建設したジェイムズタウンである。[*3] この会社は当時しばしば存在した、植民地開拓のために作られた民間企業、すなわち植民会社であった（阿川 二〇一六）。植民会社はイギリスで出資者と年季奉公人を募り、未知の土地での金銀の発見や農業により利益を上げることを目指していた。実際に入植したのは、この会社の募集に応じて、新天地で経済的成功を追求しようとした人々であった。ジェイムズタウンは一〇〇年弱で放棄され、現在は近くのヴァージニア州ウィリアムズバーグ市内の歴史的遺構になっているが、アメリカでのイギリス人の足跡はここから始まったのである。なお、ヴァージニア会社は勅許の関係でロンドン社とプリマス社という二つの組織から成り立っており、ジェイムズタウンほか南部にいくつかの植民地を形成したのはロンドン社であった。

アメリカへの植民は宗教的理由に基づいていたというのが、一般的なイメージかもしれない。このような植民地は確かに存在しており、クェーカー教徒であった貴族ウィリアム・ペンが中心となって形成されたペンシルヴェニア植民地などが当てはまるが、最も有名なのはプリマス植民地であろう。プリマス植民地は、一六二〇年にプリマス社の事業を継承した会社（ニューイングランド評議会）が建設したものであり、入植した人々の半数以上はイングランド国教会と国王チャールズ一世の宗教政策に不満を抱くピューリタンだったとされる。彼らはピルグリム・

ファーザーズと呼ばれ、入植に際して乗船していたメイフラワー号の船上で、神の名の下に植民地建設に関する約束を交わした。これがメイフラワー誓約であり、植民地構成員がそこに住む人々全体のために平等かつ協力して意思決定を行うことを定める社会契約であった（斎藤　一九九二）。

このような植民地建設の場合、入植者たちは宗教的基盤を共有したために、彼らの作り出す社会の全体的な利益を想定しやすかったであろう。もちろん、プリマス植民地の場合ですら、メイフラワー号に乗りこんだ入植者の中には相当数の非ピューリタンが含まれており、メイフラワー誓約は非ピューリタンにも適用されることを想定していた。だが、誓約に最初に署名したのはピューリタンであり、その意味で宗教的意味を帯びていたことはやはり否定しがたい。プリマス植民地から発展したマサチューセッツ湾植民地の初代総督となったジョン・ウィンスロップが、植民地を新約聖書の「マタイによる福音書」にいう「丘の上の町」すなわち良き行いによってすべての人のために輝く場所にすると述べたのは、まさにそのような事情を反映している。なお、植民地時代の総督とは、イギリス国王の代理人として植民地政府の運営を担った最高責任者である。

しかし、イギリスからアメリカに入植した人々が宗教的動機に基づいていたと、一般的にいうことはできない。現在の研究では、アメリカに渡った人の多数は経済的動機によるものであることが明らかになっている（川北　二〇〇八）。イギリスで社会経済的に困窮した人々は、アメリカ行きの船賃を契約金代わりに長期の労働契約を結んだ。植民地での地位は年季奉公人であって、厳しい自然環境や労働環境が原因となり亡くなってしまう場合も多かったが、生き残れば七年とされた期限まで勤め上げてから帰国するか、アメリカにそのまま自由人として残るかであった。一七世紀から一八世紀にかけてのアメリカ植民地への人口流入の背景には、これらの人々が存在していた。また、一七世紀末頃からはアフリカ系の人々の大規模な流入も起こった。その形態はいうまでもなく奴隷であり、南部のチャールストンやニューオリンズは奴隷の移入港

地図　独立時の13植民地

として重要な役割を果たした（バーダマン　二〇一一）。

こうして、宗教・政治・経済などさまざまな理由に基づき、さまざまな人々がアメリカに移り住んでいった。アメリカは最初から多様性に富んだ空間だったのである。同時に、やがてアメリカ合衆国を構成することになる地域は、それぞれ別個に植民地として成立していたことも忘れてはならない。宗教的純粋さを重視したプリマス植民地を併合したマサチューセッツ植民地、その純粋さゆえに生じる不寛容から逃れた人々が建設したロードアイランド植民地、相対的に温暖な気候と土地の肥沃さを活かして農業が盛んになったヴァージニア植民地、オランダ人が開発した天然の良港を引き継いで発展を始めたニューヨーク植民地など、イギリス領であることは共通しながらも成立の理由や基幹的な産業も異なる多様な植民地が形成されたのである。一七世紀前半にはさまざまな勅許によって形成された多数の植民地があったが、一七世紀後半以降には次第に整理され、一七三二年のジョージア植民地の成立によって、大西洋岸の地理的に連続した地域に一三の植民地が存在するようになった（地図参照）。それに並行して、一八世紀には植民地相互間の交通や通信手段が発達し、経済的関係も緊密になることで、次第に「アメリカ」という意識が醸成されていった（有賀　一九八八）。

（2）植民地の政治制度

一七世紀から一八世紀前半にかけて形成された一三植民地は、その成立の経緯などが異なっていたことから、政治制度に関しても多様であった。

植民地ごとの相違点は、大きく分けて二つ存在した。第一は総督の選任方法である。先に述べたように、総督は植民地におけるイギリス国王の代理人であり、植民地政府の行政部門の長であった。植民地政府の実質的な現地最高責任者といってもよい。イギリス領である限り、究極的な意味での植民地の支配者はイギリス国王であることは同じだが、総督を選任する方法の違いによって、植民地は次の三つに分類された。一つは総督を国王が直接に選任するもので、王領植民地と呼ばれる。代表例はニューハンプシャー植民地やジョージア植民地であった。もう一つは、ペンシルヴェニア植民地やデラウェア植民地のように、国王が勅許状を与えた貴族らが選任するもので、領主植民地と呼ばれる。そして三つめの方法が、植民地の住民が選挙によって選任するもので、自治植民地と呼ばれる。

イギリス国王から植民地形成の勅許状を得たのが貴族であれば領主植民地、植民会社であれば自治植民地（会社植民地）となるので、初期にはこれらの形態が多かった。だが、領主植民地や自治植民地だと国王とその下にある本国政府が推進しようとする政策が行き渡りにくい。そのため、中央集権化の観点から領主植民地や自治植民地を王領植民地に移管しようとする動きは、イギリス本国において既に一八世紀初頭には見られていた（田中　二〇一三）。理論的に考えても、領主植民地や自治植民地では総督が国王以外の人々の意向を受けて行動する余地が残ってしまうために、イギリス本国の政策を徹底するには不向きだったものと推測される。

この点は、一八世紀後半にイギリスが重商主義政策を強化し、植民地側が反発して独立戦争に至る過程にも影響した。重商主義とは、国外貿易をすべて国家が管理し、輸出の促進や輸入の抑制に政府が関与して輸出超過の状態を維持することで、貿易によって生じる富（具体的には金銀）が国王の下に蓄積されることを目指す政策である。そのような政策を植民地で展開するためには、総督を国王の忠実な代理人にして、国王（本国政府）の意思が植民地に直接かつ明確に伝達できる方が望ましい。それでも、コネティカット植民地やロードアイランド植民地は最後まで自治植民地であり続けた。マサチューセッツ植民地も王領ではありながらも総督選挙など広範な自治が認められていたが、重商主義の強化への抵抗が自治の剝奪につながったことは、本国の意向貫徹と植民地自治の間の緊張関係を物語るものであった。独立戦争が勃発すると、一部の領主植民地では本国への反乱を事実上黙認し、自治植民地は従来の植民地政府をそのまま戦時政府へと移行させることができた。

第二の相違点は、植民地議会の選出方法や権限である。各植民地においては、一六一九年の

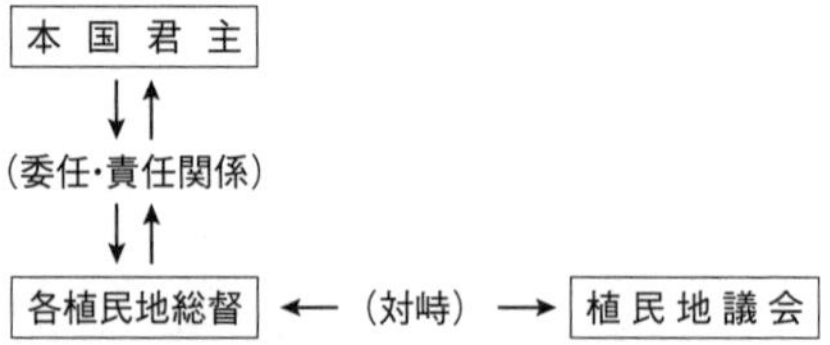

図1・1　植民地時代における政治制度構造

（出典）筆者作成。待鳥（2015b: 図1-2）を一部修正した。

ヴァージニア植民地を皮切りに、イギリス本国と同じく公選の議会が形成され、国王の代理人である総督と対峙《たいじ》していた。しかし、植民地の自由人（ヨーロッパから入植し、一定水準以上の財産を持つ男性）が選挙に参加できるのは、多くの植民地で後に下院になる代議会のみであった。アメリカに関して植民地議会という場合、実質的に代議会のみを指すのが一般的である。上院になる立法評議会は、議会の一部というよりも総督の下にある諮問機関であり、その構成員の任用についても総督による任命制である場合が多かった。しかし、ジョージアのように立法評議会は置かれなかった植民地もあり、コネティカット、ロードアイランド、マサチューセッツの各植民地では立法評議会あるいはそれに相当する組織の構成員も公選された（齋藤　二〇一二）。さらに、代議会の権限についても、その議決内容に対して総督が拒否権を有するかどうかなどのヴァリエーションがあった。

これらの相違点はあったものの、すべての植民地に共通する政治制度の基本構造も存在した。それはイギリス本国から継承したものであり、図1・1に示したように、国王の代理人である総督と植民地議会（代議会）が抑制と均衡の関係にあるという構造である。代理人という意味は、総督は国王から植民地統治を任されてはいるが、国王やそれを補佐する本国政府の意向に反した行動を続けられるわけではなく、基本的には本国政府の意図を代行する存在だということである。アメリカに植民地が形成された時期、イギリスは一六八八年から八九年にかけての名誉革命を経験し、一八世紀には議会の政治的影響力が大きくなっていった。その影響がアメリカに及ばなかったわけはない。植民地議会は、本国における議会が国王およびその下にある政府（内閣）に対峙したのと同じ関係を、総督および植民地行政府との間に形成した。

(3) 二つの代表観

イギリスは、一七五〇年代半ばに至って、ヨーロッパでは七年戦争（一七五六〜六三年）、アメリカではフレンチ・インディアン戦争（一七五四〜六三年）と呼ばれる大国間戦争を行った。フレンチ・インディアン戦争の結果、イギリスはフロリダやミシシッピ川以東に広大な領地を獲得した。だが戦費と領地の維持費用は大きく、フレンチ・インディアン戦争後のイギリス政府は、アメリカの各植民地に対する課税や貿易管理の強化によって財政難を乗り切ろうとした。

その代表例が、フランス領あるいはスペイン領であった西インド諸島から輸入される砂糖に課税する「砂糖法」、輸入される生活必需品への課税を強めた「タウンゼンド諸法」、植民地で印刷発行される本や冊子に印紙を貼付することを定める「印紙法」などであった。印紙は政府が発行し有料で販売するので、売上が課税と同じ効果を持つ。いずれも議会立法として制定されたものであった。これらの立法は、アメリカ植民地との通商に関係する商工業者などからの反対もあり、イギリス本国の内閣の方針によって一部は廃止されたりもしたが、全体としての方向性は容易に改まらなかった。

植民地での直接課税はもちろん、先にも少しふれた重商主義に基づく貿易の管理やイギリス産品以外への高関税賦課も、植民地住民にとって好ましい政策ではなかった。課税によって得られた歳入はイギリスが植民地維持に要した費用を大きく下回っていたが、茶葉への課税のようにアメリカ植民地とは本来無関係な東インド会社の保護という異なる政策目的が混在していたものもあった。そのため、彼らは植民地議会を通じて、さらにはボストン茶会事件（一七七三年）のような非合法手段も用いて、自らの立場を明確に打ち出すようになった。イギリス政府は、ボストン茶会事件の舞台となったマサチューセッツ植民地に事実上与えていた総督や議員選出に関する自治を剝奪するなど、植民地側の動きに対して強い対応を行った。

かくして、イギリスの政治的伝統や名誉革命以降の政治制度構造を継承したアメリカ各植民地が、イギリス本国から抑圧されるという事態が生じたのである。議会の政治的影響力を著しく拡大しつつあったイギリス側が、議会を根拠に自らの正当な政治的主張を行おうとするアメリカ側を押さえ込もうとするのは、各植民地から見れば明らかに不当であった。「代表なくして課税なし」という植民地側の主張は、一方において財産権に対する政府の同意なき侵害を認めないというジョン・ロック的な自由主義あるいは社会契約説に立脚していたが、他方においては議会こそが国王と対峙しつつ政策決定の中核に位置すべきであるという議会中心主義の表れでもあった。アメリカ側は、このような意味での議会中心主義については、イギリス本国議会と共有しているつもりであった。事実、こうした考え方は一九世紀に至ると議会主権論として理論的に整理され、イギリスにおける議院内閣制の確立に大きく貢献した。

しかし、アメリカとイギリスが決定的に異なっていたのが、政策決定の中核に位置すべき議会に選任された議員が、どのような基盤を持ち、どのような利益を代表すべきかについての考え方、すなわち「代表観」であった。アメリカの各植民地の人々は、議員が選挙区の利益を代表し、選挙区の有権者の意向に忠実な行動を議会内でとるべきという代表観を持っていた。地域代表、命令的委任、あるいは「現実的代表」と呼ばれる考え方である。この立場からは、アメリカに関係した政策決定の場に、アメリカの代表がいないことは認めがたい。これに対してイギリスでは、一八世紀後半になるとエドマンド・バークら新しい理論家が登場して、いかなる選挙区から、どのような有権者によって選ばれたとしても、議会ではすべての議員がイギリスの統治下にあるすべての地域のことを考え、自律的に政策決定を行うべきだという代表観が形成されていた。当時の言い方でいえば「実質的代表」、今日では国民代表、自由委任と呼ばれる考え方である（阿部一九八七、島田　二〇一一、中野　二〇一三、待鳥　二〇一五b、ウッド　二〇一六）。

もちろん、地域代表と国民代表のどちらかが「正解」であるわけではない。今日に至るまでこの二つの代表観は共存しており、とくに全国単位の比例代表制を導入して、地域ごとの選挙区をすべてなくしてしまわない限りは、両者はしばしば混じり合うこともある。日本はその代表例であり、憲法に国会議員は国民代表であることが明記されながら、有権者も政治家も国会議員が地域代表的性格を帯びていることを実質的には受け入れている。だからこそ、地元への利益誘導を図る政治家や、それを業績と見なす有権者が絶えないのである。

しかし、理念や議員に期待される行動、そして代表を選出しない地域に対して議会が行える政策決定について、地域代表と国民代表の立場は根本で異なる。イギリスとアメリカ各植民地の間の相違は、これら二つの代表観が最も先鋭的に対立するところに生じていたのであった。

一七七五年、イギリス本国とアメリカ各植民地の間の対立は、ついに戦争にまで至った。アメリカ独立戦争である。翌七六年にアメリカは早々に独立宣言を発したが、その時点では戦争の帰《き》趨《すう》は全く分からないどころか、百戦錬磨のイギリス本国軍に対して、アメリカ側は簡素な兵器で武装した民間人（民兵）がゲリラ戦で細々と対抗するというのが実情であった。しかし、イギリスとの対抗関係からフランスが植民地側を支援し、形勢は次第にアメリカ側に傾いていった。一七八三年のパリ条約でイギリスはアメリカの独立を認めたが、それは先に述べた二つの代表観の相違が、大西洋を挟んでそのまま残ったことも意味していた。

二　新しい政治制度の模索

(1) 邦と邦憲法

独立戦争が始まると、各植民地の人々は独特の立場に置かれた。一方においてはイギリス本国の政策の不当性を非難し独立を宣言しつつ、他方では自分たちがイギリスの政治的伝統の本来的な継承者であると自任していたからである。戦争が始まる前の段階では、後者すなわちイギリスとの関係の深さを重視して、イギリスが不当な政策を改めて本来の政治的伝統あるいは国制（constitution）に立ち戻れば、アメリカがイギリスの植民地であり続けることは可能だと考える人も少なくなかった。戦争に至ってからも、依然として本国との和解が可能であると考える人々や、そうした立場が強い植民地も存在した。

だが、大勢は次第にイギリスとの現実的な断絶を前提に、その政治的伝統すなわち「良き国制」の継承をいかに示すかという新しい課題に取り組むことになった。アメリカは独立戦争によってイギリスからの断絶のみを求めたのではなく、正しきイギリス国制の継承も追求していたのである。

各植民地において独立戦争中に制定された憲法は、多くがこのような態度の制度的表現であった。なお、一七七六年の独立宣言から一七八八年の合衆国憲法発効までの期間については、各植民地のことを半主権国家としての「邦」と呼ぶことが多い。邦は、英語では合衆国憲法発効後の名称である「州」と同じくステイト（state）だが、正統性原理や実質的機能が異なるために、日本のアメリカ政治研究では両者を区別する。したがって、ここで述べているのも各邦において制定された「邦憲法（state constitution）」のことである。[*4]

邦憲法を最初に制定したのは一七七六年のニュージャージーであり、その後一三邦すべてが成文憲法を制定した。[*5] 憲法制定を進めたのは、独立戦争の勃発に伴って総督やその下の官僚機構が不在となり、代わって臨時政府として創設されていた邦会議（植民地会議）であった。邦会議は植民地議会を基礎とした組織ではあるが、一部の邦では憲法制定を予告した上で議員の改選を行った。憲法制定のみに専念する特別の会議を創設し、そこに別途議員を公選した邦もあった。その一方で、邦会議がとくに改選されることなく憲法制定を進めた邦、あるいは植民地時代の統治機構が残存しており、植民地議会を構成していた代議会と立法評議会が合同で邦憲法制定を行った例も存在していた。邦会議が作成した憲法案については、一七八〇年のマサチューセッツ邦を皮切りに、いくつかの邦では有権者の投票に付された。

憲法制定のための特別な権力が必要とされること、その権力の源泉が有権者（市民）に求められるべきことは、アメリカの新しい国制の始まりであった。それは、議会勢力などの制約を受けつつも、政治権力の源泉は君主にあるという論理が基本的には維持されたイギリスの政治的伝統とは大きく異なる。

その一方で、邦憲法の内容に関しては、多分にイギリス国制に立脚した部分があったことも注目されよう。この点は、統治機構に関してとくに顕著である。邦憲法における統治機構については、シャルル・ド・モンテスキューやロックの影響から権力分立が重視されていたと理解されることもあるが、実のところはイギリスと大きく変わらない議会の優越をその本質としていた。

これは当然のことであった。植民地時代の議会と総督との関係は、イギリス本国において議会が国王や内閣と形成してきた関係に近似したものであり、その過程で議会が次第に優位に立つようになることは、アメリカの人々にとっても望ましい。独立戦争に至る過程でのアメリカ各植民地の主張は、議会が政策決定に大きな影響力を持つがゆえに代表が送られるべきだというものであった。邦憲法では、総督に代わって創設された知事の権限を大きく制約し、有権者代表である邦議会の影響力を大幅に拡大しようとする場合が多かったのである。知事は任期が短く、有権者からの直接公選によらないこともしばしばであった。

むしろそれは、なお内閣の存続には国王と議会多数派双方からの信任を必要とする「二元的議院内閣制」にとどまっていた当時のイギリス本国と比べても、議会への権力集中と優越をさらに推し進める側面さえ持っていたといえるだろう。邦憲法に見られた議会の優越がそのまま続けば、アメリカこそが議院内閣制の母国といわれていたかもしれない。イギリスにおいて、議会多数派（与党）からの信任が内閣の成立と存続にとって唯一の意味を持つ今日的な「一元的議院内閣制」が成立するのは、一九世紀に入ってからのことであった。

一七七六年に制定されたヴァージニア邦憲法は、統治機構に関する規定と権利章典という二つの柱からなる最初の成文憲法として、今日に至るまで重要な意味を持つとされることが多い。確かに、独立宣言と同じくロックの社会契約説に基礎を置き、すべての人間の平等と自由、そして幸福追求権を明示したことは、近代憲法の展開を考える上で大きな意義を持つことであった。しかし同時に、この点でもイギリス国制との断絶のみを強調することはできない。権利章典はすべての邦憲法に定められていたわけではなく、ヴァージニア邦の場合にも「憲法」とは統治機構部分のみを指し、権利章典は同格の別文書として提示されていた。

権利章典の分離や不在は、憲法とは本来的に政府が行いうることと行ってはならないことを明記することでその権限範囲を確定させ、そこに属さない諸権利はすべて政治権力者以外の人々に残されているという考え方の帰結である。それは、マグナ・カルタ以来のイギリス国制、さらには近代立憲主義の基本原則に忠実な方法であった。権利章典を定める場合であっても、出版の自由と言論の自由を区別して前者を重視する点や、常備軍の禁止規定など、イギリスに由来すると思われる内容も少なくなかった。

統治機構と権利章典を併せて一つの文書とし、それを「憲法」と呼ぶという方式は、一七八〇年制定のマサチューセッツ邦憲法以後に一般化したものである。しかし、明治憲法や日本国憲法を含む各国の近代憲法典では、後発のこの方式がむしろ普遍的なものとして受け入れられた。政治権力の実際の担い手に制限を課し、社会構成員の基本的権利を恒常的に擁護するためには、権利章典についても憲法の一部として明文化した方が望ましいという考え方に、説得力があったということであろう。

(2) 国家連合と連合規約

独立を宣言した後も、各邦は高い自律性を維持した。そもそも、別個に植民地として成立したという事実が消えるわけではなく、近代立憲主義に基づく最初期の成文憲法典として名高い各邦憲法にしたところで、そのようなものが成立すること自体、邦は一つの国家の下位単位（サブユニット）というよりも、国家に等しい存在であることを物語っていた。邦は単独で外交はできないが、内政面ではほぼ完全な自律性を確保していた。そのため邦は半主権国家とされることが多く、当時のアメリカ合衆国は国家連合（confederation）であったという理解が一般的である（Taylor, Shugart, Lijphart, and Grofman 2014）。[*6]

国家連合とは、それを構成する各下位単位が主権を保ったまま、条約を結んで統一的に何らかの業務を遂行する場合を指す。歴史的にはハンザ同盟などが有名であり、今日であればヨーロッパ連合（EU）が代表的な国家連合だとされる。

アメリカ合衆国を国家連合として設立するための邦間同盟として作られたのが、連合規約（Articles of Confederation）であった。連合規約を作成し採択したのは、大陸会議と呼ばれる各邦の代表者会議であり、その後に各邦会議において批准が進められた。採択は一七七七年、すべての邦での批准が終わり発効したのは八一年のことであった。連合規約は第一条において一三邦の連合を「アメリカ合衆国（The United States of America）」と定め、第三条では外敵に対抗しようと「共通の防衛、自由の保障、邦相互および一般的な福祉のための相互に強固な友好同盟」であると述べる。この時点での合衆国は、英語名称にまさに適合的な、複数の邦（states）が最初にあり、それが対外的に団結して（united）形成された連合体であった。

だが、連合規約下の合衆国は著しい困難に直面した。その大きな理由は、以下のような点において連合規約に明らかな不備が存在したからである（阿川 二〇一三）。

一つには、連合規約の下での合衆国政府には課税権限が与えられておらず、必要な歳入の確保は各邦からの資金拠出に依存していた。国家連合である以上、このような仕組み自体は異様とはいえない。だが、資金拠出を行う各邦が連合規約の趣旨に反した行動をとると、合衆国政府はたちまち行き詰まってしまう。この時代のアメリカに生じたのは、まさにこうした事態であった。

議会優位の邦憲法の下、各邦では議会、とりわけ植民地議会の代議会に起源を持つ下院について、有権者資格を得るために必要な財産所有の水準を低く設定し、社会経済的に必ずしも豊かではない人々が広く政治参加することを認めた。それは、独立戦争に民兵として、あるいは植民地軍として貢献した人々の参政権を重視するという点で当然だともいえたが、各邦の政治過程においてこれら非富裕層の影響力を著しく拡大することにつながった。彼らは合衆国政府のための資金拠出に邦の財源を用いること、その結果として邦政府による課税が強化されることを拒んだのである。

この問題は、独立戦争の過程でアメリカが巨額の対外債務を負っていたこと、さらには一七八三年に結んだイギリスとの講和条約（パリ条約）によって独立戦争中にイギリス人から没収した土地や財産の弁済を約束したことから、アメリカ合衆国に深刻な外交上の課題を生じさせた。独立戦争中に対アメリカ債権を持つようになっていた国には、フランスなどアメリカの独立を支援してくれたヨーロッパ列強が含まれていた。アメリカの対外債務は、独立戦争の戦費を賄うために生じたものであった。それを適切に返済しない、あるいは講和条約で約束した義務を果たさないということになれば、アメリカの国際的信用は大きく失墜してしまう。下手をすれば、それをきっかけにヨーロッパ列強の介入すら生じかねない。独立したばかりの弱小国であるアメリカにとって、放置できない事柄であった。

もう一つの不備は、合衆国政府が通商規制などを行って邦相互間の関係を調整する権限を与えられていなかったことである。各邦は、自邦に有利で他邦に不利な関税設定や、貿易に必要不可欠な港湾の使用料について自邦と他邦を差別するといった通商規制を独自に行っていた。それはアメリカ全体の経済的発展にとって明らかに不適切だったが、合衆国政府はこのような政策を退ける手段がなかった。イギリスとの関係も依然として安定しておらず、イギリスはアメリカ商船に対する差別的な取り扱いなどを行っていたが、これに合衆国として対抗する手段も持ち合わせていなかった。

背景にあったのは邦相互間の関係の悪さであった。元来、別個の植民地であった各邦は一枚岩ではなかったのだが、独立戦争中はイギリスからの独立という共通の大目標の下に最低限の結束は確保できた。ところが、皮肉にも講和条約によってイギリスから割譲されたアパラチア山脈より西側の新領土の帰属をめぐり、各邦はめいめい勝手な主張を打ち出し、関係はいっそう悪化してしまったのである。新領土帰属に関しては一七八七年の北西部条例などの立法によって小康状態を得られたものの、人口規模、面積、社会経済的基盤や宗教的基盤などが異なる邦相互の不信は根強かった。

これらの具体的な不備の根底にあったのは、国家連合という制度そのものの脆弱《ぜいじゃく》性であった。国家連合の場合、連合の中央政府（アメリカだと合衆国政府）の存在根拠は、連合を構成する各国家（各邦政府）の同意と協力に委ねられる。中央政府の正統性の源泉は、国家連合の領域内に住む人々に直接由来するのではなく、国家連合を構成する各国（各邦）政府に求められるのである。合衆国政府が各邦政府の創造物であるという正統性原理である限り、アメリカ合衆国としてのあらゆる政策の展開には各邦政府の同意が必要となるが、各邦における大衆政治の強まりは、それを不可能にした。現在、ＥＵがイギリスの離脱問題で揺れているように、国家連合を長期にわたって安定的に継続するのは容易ではない。連合規約の下でのアメリカ合衆国も例外ではなかったのである。

三　合衆国憲法が作り出した大統領制

（1）なぜ新憲法が必要だったか

先に見たように、一七七六年にイギリスからの独立を宣言して以降、もともと別個に成立していた一三の邦はそれぞれに成文憲法を制定した。それらは、イギリスの国制を重要な先例として議会に多くの権限を与えると同時に、当時としては広範な政治参加を可能にする選挙制度（財産制限の緩やかな有権者資格）を採用していた。国土が広大なアメリカは、イギリスに比べて土地所有が容易であるため、財産制限の実質的意味が小さかったのである。

しかし、議会が強力でありながらも、究極的には君主による抑制が存在したイギリスとは異なり、君主がいないアメリカの各邦では、議会が思いのままに権限を行使することで、社会経済秩序が混乱するという問題が生じた。しかも、連合規約の下にあったアメリカは、対外的には「アメリカ合衆国」という一つの国家でありながら、邦相互間の関係を調整する仕組みや、合衆国政府が邦政府に協力を求める仕組みが不十分であった。こうした問題点を解消すべく、合衆国全体の政府を強化し、それを運営する新しい基本ルールを定める必要が生じた。合衆国憲法は、そのために制定されたのである。

合衆国憲法の制定に当たっては、具体的に二つの課題が存在した。一つは、君主がいない政治体制（共和制）でありながら、いかにして議会の権限行使を行き過ぎたものにしないか、ということである。もう一つは、各邦がめいめい勝手な行動をしないようにすると同時に、長い歴史と立憲政治体制を既に持つ各邦を解体しないようにするにはどうしたらよいか、という課題である。このうち前者については、権力分立制を採用し、議会が政策決定の主導権を握ることは引き続き認めつつ、制度的な抑止を強めることにした。後者については、英語名称は同じ state のままだが、法的には邦から半主権国家としての性質を失わせて「州」という単位にした。その上で、多くの事柄を州が扱うようにしながら、複数の州にまたがることや合衆国全体に関わることを中央政府（連邦政府）が扱うという、連邦制を採用することで対処がなされた。

（2）合衆国憲法制定のための会議

一七八七年に開かれた合衆国憲法制定のための会議、すなわちフィラデルフィア憲法制定会議でどのような議論があったのか、もう少し詳しく見ることにしよう。憲法制定会議で最も対立が激しかったのは、各邦の自律性をどこまで維持するかについてであった。それを裏返すと、どれだけ強力な中央政府を創設するかという問題になる。人口や経済規模が小さい邦は、強力な中央政府が創設されて邦の自律性が失われると、大きな邦の思い通りにアメリカが動かされてしまうという深刻な懸念を抱いていた。そのため、ロードアイランド邦はフィラデルフィアに代表を送らず、会議に参加しなかったのである。

会議が始まってからも、検討の叩《たた》き台として最初に提出されたヴァージニア案は、連合規約の下での国家連合方式を放棄して中央政府を創設し、ほぼあらゆる事項に関して州政府（国家連合ではなくなるので、邦ではなく州となる）に対する中央政府の優越を定めようとするものであった。州政府の自律性と役割を大幅に縮小することで、連合規約下の諸問題に対処しようとする方向性が明瞭に表れていた。デラウェア邦やニュージャージー邦などの小さな邦はヴァージニア案に反発し、中央政府を従来より強化することは否定しないものの、各邦の平等は維持されるべきだと主張した。

この対立は最終的に、中央政府の権限を憲法に列挙して活動範囲を限定すること、中央政府の議会を二院制として、上院は各州平等な代表、下院は人口比例に基づく代表から構成されるという妥協が図られた（有賀　一九八八、阿川　二〇一三）。中央政府の活動範囲に入らない領域では、合衆国市民が自らの住む州において州政府に何を委任するかを自由に定めることができるため、中央政府は強力になっても州政府の自律性は保たれるというのが、会議参加者たちの考えであった。

中央政府内部での権限配分のあり方については、それほど議論が白熱したわけではない（Taylor, Shugart, Lijphart, and Grofman 2014）。当初のヴァージニア案にせよ、それに対抗して出されたニュージャージー案にせよ、議会において社会経済的地位の低い人々が過剰な影響力を持つことを懸念してはいたが、それをどのように抑制するかについては、もっぱら二院制の下での上院の活用が重視されていた。憲法会議の参加者たちにはイギリス国制をモデルとする考え方があり、かつ君主政への警戒感が強かったため、行政部門の独立性について意識されてはいたが、行政部門による議会の抑制という議論にはならなかったのである。なお、司法部門による抑制に関しては、賛成者もいたものの憲法案に書き込むには至らず、曖昧なまま残された。

行政部門の長すなわち執政長官に、議会による間接選挙ではない別個の選出基盤と、議会立法に対する拒否権などの抑制機能を与えるという提案は、会議をリードしたジェイムズ・マディソンやジョン・アダムズからではなく、ジェイムズ・ウィルソンが終盤になって行ったものであった。この提案が採用され、行政部門の長には「大統領（president）」という名称が与えられることになった。

このほか南部の諸邦は、人口比例によって議員数が配分されることになった下院に多くの議席を確保するため、奴隷について特別な計算を要求した。当時は邦の数でいえば北部が八、南部が五となっており、上院に各邦が平等に代表を送るのであれば、南部は不利になると考えられていた。その一方で、南部の温暖な気候は将来の人口増につながるであろうから、下院に人口比例に基づく議席配分はそもそも南部に有利になるはずであった。南部諸邦はそれにダメ押しをするように、市民としての権利を一切与えられていない奴隷も有権者数の計算には含めるよう求めたのであった。当時としても手前勝手な主張であり、既に奴隷制廃止が始まっていた北部諸邦は反発した。だが、結局は奴隷数の五分の三を有権者数にカウントするという妥協が、明確な算出根拠もないままに書き込まれた（阿川　二〇一三）。

妥協の産物だったこともあって、当時のアメリカの叡智《えいち》を結集して作成された新しい憲法案は、必ずしも評判が良いとはいえなかった。アメリカ合衆国を国家連合から連邦制に変えるのは、国家としての成り立ちの根拠づけ、すなわち正統性原理の根本的な転換に他ならない。合衆国は邦が創設したものではなく、アメリカ社会の構成員である一般の人々が直接に創設したものであるとされたからである。今日、アメリカは「合衆国」ではなく「合州国」だとする論者がいるが、それはUnited Statesという言葉のもともとの意味としては正しいものの、合衆国憲法による正統性原理の転換を無視してしまっている。根本的な変革だけに、連合規約の時代とは大きく異なる中央政府の強力な権限や、それがもたらす帰結に対して、そもそもフィラデルフィア憲法制定会議に与えられた役割を越えてしまっているという観点から、さまざまな批判がなされた。

フィラデルフィア憲法制定会議がまとめた新しい憲法案が発効するには、九つの邦での批准が必要とされた。連合規約の改正に本来必要な全邦の批准よりハードルは下げていたが、それすらも確保できるという見通しが十分にあったわけではない。とくに、大きな邦であるニューヨーク邦に批准反対派が無視できない勢力を保っていたことは、批准推進派にとっての懸念材料であった。憲法案の解説であり、アメリカ政治思想における古典となった『ザ・フェデラリスト』が、マディソン、アレグザンダー・ハミルトン、ジョン・ジェイの三人によって書かれたのは、このような事情を反映していた（ハミルトン＝ジェイ＝マディソン　一九九九）。

しかし幸いにも憲法案の批准は順調に進み、一七八八年六月にニューハンプシャー邦が批准して九邦のラインを突破した。発効した合衆国憲法（The Constitution of the United States）に基づきアメリカ合衆国は国家連合から連邦制国家（federal state）へと変わり、邦は合衆国を構成する州になった。連邦政府の活動は、翌八九年三月に始まった。

（3）権力をいかに分散させるか

憲法制定会議において中心的役割を果たしたのは、共和主義者と呼ばれる人々であった。共和主義とは、政治指導者が公共的事柄への十分な配慮や自己謙抑《けんよく》といった「市民的徳性」を持つことを重視する考え方である（待鳥　二〇一五b）。共和主義の理念からいえば、君主であれ議会であれ、政治権力の担い手が十分な公共精神や自制心を持っていれば、権力の暴走は起こらないはずである。

だが、独立直後のアメリカ政治の現実は、共和主義者の期待を裏切るものであった。大きな権限を持った各邦議会には、先にも見たように有権者資格の制限が当時としては比較的緩やかだったため、社会経済的地位が低い人々が多く代表されていた（小川 一九八三）。彼らは合衆国全体のことはおろか、邦全体のことも十分に考慮しないまま、独立戦争期の負債を帳消しにする立法などを進めていた。国内の社会経済秩序は混乱し、戦費調達のためにフランスなどの諸外国に負っていた対外債務の返済は進まなかった。一部の邦では政治参加に比較的強い制約を加えていたが、そこでは議会政治から排除された人々による反乱が起こっていた。新しい小国に過ぎないアメリカにとって、これらは国家としての存続への脅威以外の何ものでもなかった。

共和主義が想定するような状況が存在しない以上、別の方法で権力を抑制する必要が生じる。本来的な答えは混合政体論だったのであろう。混合政体論とは、君主政と貴族政など二つ以上の政体を混合することを指しており、特定の政治勢力が権力の唯一の担い手にならないという特徴を持つとされた。考え方としては古典古代から存在するが、『法の精神』を著したモンテスキューをはじめとして、当時はイギリスの国制が混合政体の代表例だと見なされていた。フィラデルフィア憲法制定会議の参加者たちも、多くはイギリスの国制を念頭に置きながら、アメリカの新

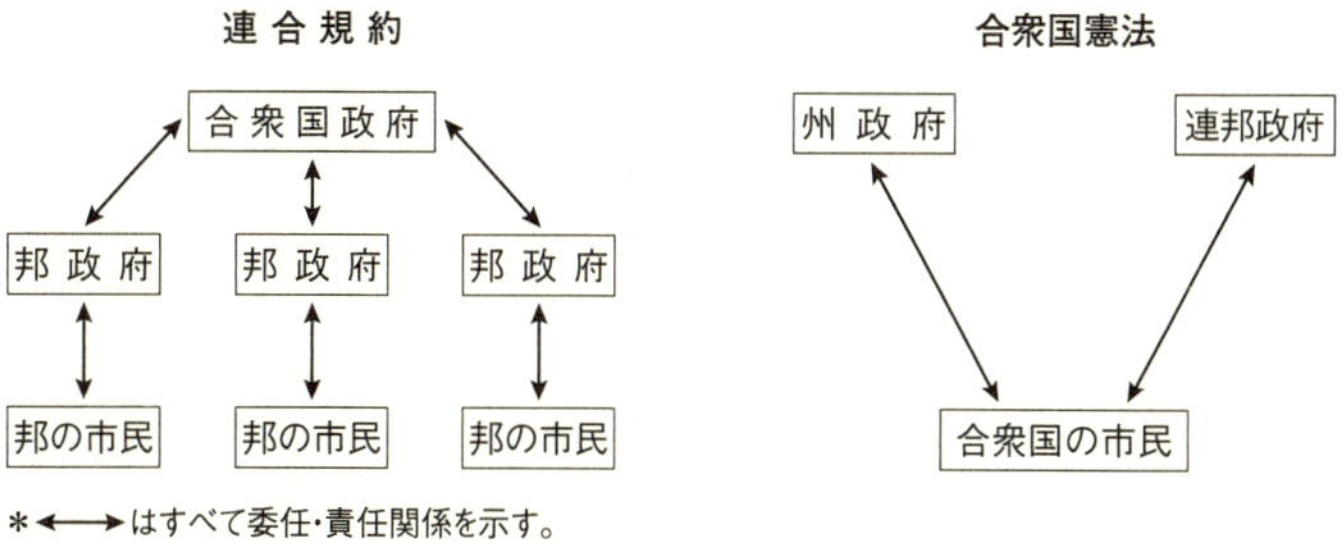

図1・2　連合規約と合衆国憲法の正統性原理の差異

（出典）筆者作成。

しい政治制度を構想しようとした。イギリス国制こそは、彼らにとって最も有力な範例であった。しかし、アメリカには君主はおらず、イギリス国王を非難して独立を果たしたという経緯からも、君主制を導入することは避けるべきことだと考えられた。

ここに採用されたのが、伝統的な混合政体論の新しい制度的表現としての政治権力の分散であった。連邦制も、連邦政府内部の権力分立制も、全体として政治権力を分散させるという共通の意図を持っていた。すなわち、君主のいない政治体制でありながら、政府として持つ権限をさまざまな部門に分散させ、それを担うアクター間の多元的な競争と相互抑制こそが、合衆国憲法の新機軸になったのである。言い換えるならば、それは共和主義的な政治観から多元主義的な政治観（多元的政治観）への変化だったといえよう（五十嵐　一九八四、待鳥　二〇一五b）。

連邦制の採用は、先にも少しふれたように、アメリカ合衆国という国家そのものの正統性原理の転換を意味していた。連合規約の下でのアメリカ合衆国は国家連合であり、市民は邦政府に自らの権利の一部を委任し、邦政府が中央政府を創設して権限の一部を再委任するという原理によって成り立っていた（図1・2参照）。これに対して、連邦制が採用された合衆国憲法の下では、合衆国民たる市民は自らの権利の一部を連邦政府に直接委任し、別の一部を州政府に委任するという原理になった。連邦政府の正統性は市民からの委任に直接由来するようになり、州政府とは別の役割を果たすとされたのである。その役割のリストこそが、合衆国憲法であった。

連邦政府内部での分業はどうであろうか。合衆国憲法が、立法（連邦議会）・行政（大統領）・司法（連邦裁判所）という三権が対等な関係を作り出したというのは、言いすぎであろう。イギリス国制と邦憲法というアメリカの政治的伝統から考えれば、フィラデルフィア憲法制定会議の参加者たちがいかに優れた見識を持つ人々であったとしても、今日想定されるような三権分立あるいは権力分立に思い至らなかったのは、むしろ自然なことであった。合衆国憲法における権力分立のポイントは、議会（とくに下院）が政策過程の主導権を握る優越的地位を保ちつつ、その権限行使が抑制される可能性を拓いたところにあった。この点こそが、イギリスでは一九世紀に議会主権が確立し、揶揄《やゆ》的に「女を男にし、男を女にする以外のすべてのことができる」とさえいわれたこととの決定的な分岐点となった。

(4) 連邦議会を抑制する大統領

連邦議会に対する抑制について、具体的に見ておこう。連邦政府において、議会の権限行使を抑制するための分業は、大統領と裁判所に一定の役割を担わせることによって実現している。大統領は、議会に対して重要と思われる政策課題についての立法を勧告する権限や、議会が好ましくないと思われる立法を行った場合にはそれを拒否できる権限(拒否権)を与えられた。裁判所が議会の行った立法や行政の行為を無効にできる司法審査権については、憲法上明確な規定はなされていなかった。だが、一九世紀の初頭に第四代の連邦最高裁長官となったジョン・マーシャルが、議会立法である一七八九年裁判所法の効力が争われたマーベリ対マディソン事件の判決において、司法審査権を確立した。その後、とくに二〇世紀以降には、議会による立法の合憲性を連邦最高裁判所が審査するという形で、数多くの重要な判例が形成されている(松井 二〇一二、阿川 二〇一三)。

一八世紀に合衆国憲法が制定された時点では、議会が実質的な政治権力の担い手になっている例はイギリス以外にあまりなく、そのイギリスでも議会選挙の有権者資格は財産所有などによって大幅に制限されていた。フランスに革命が起こり、ごく短期間であるが成人男子の普通選挙が導入されたのはその直後の一七九二年のことであり、イギリスで有権者資格の拡大が始まるのは一九世紀に入ってからである。したがって、憲法制定の時点では、大衆民主主義への警戒や社会の「多数者の専制」の場に議会が化してしまうという懸念は、アメリカ以外では広く共有されていたとはいえない。しかし、その懸念と権力分立による抑制という対応策に先見の明があったことは、民主主義の名の下に展開された独裁や、一般の人々の一時的な感情が支配するポピュリズムを知った今日の立場からは、改めていうまでもないことだろう。

とはいえ、アメリカ合衆国憲法が想定していたのは、イギリスと同様に議会が政策決定の中心であり、それを君主ではなく大統領や裁判所が抑制するという連邦政府運営のあり方であったことを忘れてはならない。そこでの大統領は、自ら積極的に政策を展開していく存在というよりも、議会が立法を通して形成する政策に対して、事前あるいは事後に注文をつける存在だということが分かる。実際、合衆国憲法において連邦政府の権限として定められていることのほとんどは、連邦議会が法律を制定する権限（立法権限）である。外交や軍事といった一部の領域では自律的な判断の余地が大きいものの、大統領の一存で決定できる政策はほとんどない。それは、君主の横暴を強く批判する独立宣言を出したアメリカにとって、当然の発想であった。

＊ 本章と次章の基礎になっているのは、これまでに公表したいくつかの拙稿（待鳥 二〇一〇a、二〇一四、二〇一五c）だが、全面的に再構成するとともに大幅な加筆修正を行っている。

註

＊1 権力分立制と大統領制は、厳密には少し異なる。立法・行政・司法の各部門がそれぞれ別個の権限を持ち、部門相互間に抑制均衡関係を制度的に設けるのが権力分立制で、それを実現する手段として行政部門の長（執政長官）を公選する場合に大統領制と呼ぶからである。しかし、アメリカに関しては基本的に同じ意味だと理解して差し支えない。

＊2 もちろん、このことは現代アメリカ政治を考える際に先住民やアフリカ系アメリカ人など、非ヨーロッパ系の人々の動向を無視してよいという意味では全くない。

＊3 以下、植民地形成に関する叙述は、多くを有賀＝大下（一九九四）に依拠している。移民に関する新しい研究として、ガバッチア（二〇一五）も参照。歴史的背景を踏まえた現代政治と移民の関係については、西山（二〇一六）が優れている。

＊4 以下、邦憲法に関する叙述は、多くを有賀（一九八八）、中野（二〇一三）に依拠している。なお、英語の state は国家も指しており、アメリカ合衆国 United States of America の多義性を同じ語で表現している。

＊5 ニュージャージーで憲法が制定されたのは、厳密には独立宣言前である。したがって「ニュージャージー植民地憲法」と表記すべきだが、煩雑なので邦憲法としておく。

＊6　この点に注目して、連合規約時代の United States of America について「アメリカ諸邦連合」と表記する論者もいる。ハミルトン＝ジェイ＝マディソン（一九九九）における「解説」（斎藤眞執筆）やウッド（二〇一六）における「凡例」（中野勝郎執筆）を参照。ただし、本書はアメリカ建国史を専門的に扱う著作ではないので、煩雑を避けるため一般に知られている「アメリカ合衆国」という語を用いる。

第二章
現代大統領制のディレンマ

一七八九年四月三〇日、ジョージ・ワシントンはアメリカ合衆国の初代大統領に就任した。当初の予定では三月中に行われるはずであった就任式は、大統領選挙人による投票を数えるはずの連邦議会議員たちの到着が春先の悪天候のために遅れ、その影響で一カ月以上延びてしまったのである。当時首都であったニューヨークのフェデラル・ホールで開催されていた連邦議会の両院合同会議において、ワシントンは就任演説を行った。

演説で彼が最初に引用した合衆国憲法の条文は、大統領が連邦議会に「必要かつ便宜と思われる措置を考慮してもらえるよう勧告を行う」という第二条三節の規定であった。この規定は大統領の立法勧告権を定めたもので、連邦議会について扱う第一条の七節二項が与える拒否権と並んで、アメリカの大統領が自ら政策決定の主導権を握るのではなく、議会の活動を促したり、抑制したりすることを主な役割としていることを示すものである。それは、大統領制を採用する近代最初の国家の船出として、まことに象徴的な引用だったかもしれない。[*1]

前章において、連合規約から合衆国憲法への変革が、アメリカ合衆国という国家そのものの正統性原理の転換であることを明らかにした。一三の邦からなる国家連合であった連合規約時代のアメリカは、合衆国憲法の制定と発効によって、一三の州からなる連邦制国家になった。[*2]新しい連邦政府は州政府の創造物ではなく、合衆国市民からの直接委任によってその正統性を確保することになり、連邦政府と州政府はそれぞれ別個の委任に基づいて別の役割を果たすことが定められた。

さらに、連邦政府内部の分業としての大統領制（権力分立制）も、合衆国憲法において採用された。連邦政府の内部にも別個に選出される複数の機関、すなわち大統領と上下両院から成る連邦議会が置かれて、基本的には議会（とくに下院）が政策過程の中心的役割を占めつつも、他の部門が議会を抑制することが想定された。それはアメリカのみならず、世界的に見ても極めて大きな意味を持つ、新しい政治制度の創出であった。

合衆国憲法によって、連合規約時代のアメリカ合衆国が直面していた課題の多くは解決した。

連邦政府は合衆国市民からの直接的な委任（負託）によって成り立っているため、州政府の同意なしに課税を行うことができ、歳入を確保できるようになった。兵力の確保など多くの重要な事柄についても、州政府の同意が不要になったことの意味は大きかった。合衆国全体の通商に関する規制権限も与えられたため、州同士が対立した際に特定の州にのみ有利あるいは不利な規制を、州政府が勝手に行うことも認められなくなった。連邦議会の下院は制限選挙とはいえ政治参加を当時としては広範に認めていたから、そこには州同士の対立や大衆民主主義が生じる恐れはあった。だが、それも連邦議会の権限を憲法に限定的に列挙することと権力分立によって、致命的な問題にはならないと考えられた。

州憲法の改正は連邦政府が介入できることではもちろんなかったが、仮に州レヴェルで議会への権力集中が続いていたとしても、連邦レヴェルでの政策決定にその影響が及ぶのは上院議員の選出だけで、その範囲は限定的にとどめられた。イギリスから割譲されたなどの理由で存在するようになった、どの州にも帰属していない広大な新領土についても扱いが確定した。一七八七年に連合規約の下で制定されていた北西部条例を合衆国憲法下でも追認し、その後に具体的な方法を整備することで対処することになったのである。すなわち、新領土を既存の州に帰属させるのではなく、まずは連邦直轄地としてスタートし、その後に準州、そして新しい州へと昇格させる方法がとられた。

それでもなお、連邦制にせよ権力分立制にせよ、新機軸であったがゆえに曖昧なまま残されている課題も実は少なくなかった。一九世紀におけるアメリカ大統領制の展開は、連邦制や政府内部での権力分立に関してさまざまな見解が提示され、それが最終的に特定の理解に落ち着いていく過程だともいえる。本章ではその過程を明らかにするとともに、二〇世紀に入ってからの新しい社会経済的課題への対処として大統領の影響力拡大が目指され、それに伴って合衆国憲法がもともと想定していた大統領像との乖離《かいり》が顕著になっていったことを論じよう。その乖離こそが、アメリカ大統領制が現在まで直面する最大の難問、すなわち「現代大統領制のディレンマ」につながった。

一　一九世紀における大統領制の発展

（1）残されていた潜在的な課題

合衆国憲法に基づく政治が始まり、初期にもっぱら問題となったのは、連邦制のあり方であった。連邦制については、州の自律性が依然として基本原則として残されているために、どのような事柄について、どの範囲であれば連邦政府が関与できるのかが明瞭ではなかった。この問題は当初、ワシントン政権で財務長官を務めたアレグザンダー・ハミルトンが、中央銀行機能を持つ合衆国銀行を連邦法に基づいて創設しようとした際に顕在化した。合衆国銀行は、連邦政府の一部出資に基づいて、全米統一紙幣の発行や政府への貸付を行うことを目指していた。

ハミルトンはジェイムズ・マディソンらとともに『ザ・フェデラリスト』を執筆し、合衆国憲法の批准に大きく貢献した人物であったが、アメリカの発展には連邦政府、とくにその行政部門が大きな役割を果たすべきだという考えを抱いていた。また、連合規約の時代から問題だった対外債務の処理に当たっては、ヨーロッパ諸国の政府や民間金融機関からの信用を失わないよう、連邦政府が主導して債務の返済に当たるべきだとも考えていた。憲法の規定上、通貨発行権は連邦政府の権限であったが、これは金貨や銀貨を意味していた。紙幣については各州が認可した銀行がめいめいに流通させる状況が続いており、その信用にはバラつきがあったために、対外債務問題と並んで大きな経済的課題になっていた。合衆国銀行の創設は、それらの問題への主たる対応策であった。彼はワシントンからの信頼も厚かったが、憲法に明文で認められていない中央銀行の創設を認めるか否かは、政権内でのハミルトンとトマス・ジェファソンの対立につながった。

この対立がきっかけとなり、アメリカには最初の二大政党が形成される。国内的には連邦政府重視、対外的にはイギリス重視のフェデラリスツと、州政府重視かつフランス重視のリパブリカンズという二つの政党である。[*3]なお、フェデラリスツは「連邦派」あるいは「連邦党」、リパブリカンズは「共和派」「民主共和派」あるいは「共和党」と訳されるが、リパブリカンズは今日の共和党の起源ではない。最初の二大政党の対立は、ハミルトンの早すぎる死去やイギリスとの戦争（米英戦争、一八一二〜一五年）などもあり、一九世紀初頭にはリパブリカンズの一党支配に近いほどの勢力差に至る。そのリパブリカンズが一八二〇年代に分裂して生まれたのが、今日の民主党である。共和党はさらに後の時代、南北戦争の前夜に登場することになる。

リパブリカンズが優位を確立した後も、連邦政府と州政府の関係をめぐってはさまざまな問題が生じた。とくに、元来は各州が判断することが認められていたが、一九世紀には国際的にも国内的にも容認しがたいものになっていった奴隷制をめぐる対立は、南北戦争というアメリカ史上最悪の内戦にまでつながった。一九世紀後半以降、連邦政府の関与は次第に拡大していくが、憲法上の疑義がほぼ解消されるのは一九三〇年代のニューディール期に至ってのことであった。

権力分立制に関しては、一九世紀にはむしろそれほど重要な争点であったわけではない。連邦政府の役割自体が小さく、合衆国憲法が想定するような政策過程、すなわち連邦議会が政策決定を主導し、それが行き過ぎているとき、あるいは不十分であるときにのみ大統領が介入するという方式に、それほどの問題は生じなかったからである。

しかし潜在的には、議会が政策決定を主導できるのかどうかは、疑問の余地が残されていた。

先に見たように、独立戦争に際してアメリカの人々が依拠していたのは、地域代表や命令的委任と呼ばれる代表観であった。この代表観は合衆国憲法を制定するに当たっても根本的な転換を経験したわけではなく、憲法には議会が国民代表であるという規定は存在しない。だとすれば、連邦議会に集まる議員たちは選挙区や支持基盤の利益の代表者、代弁者であることを当然だと考えられているのであって、このような議員たちがアメリカ全体の事柄について政策決定を主導できるかどうかは保証の限りではなかったのである（待鳥　二〇〇九ａ）。一九世紀に問題が顕在化しなかったのは、個別利益代表である議員たちの行動が、連邦政府の規模の小ささや経済成長などにより、自然あるいは偶然的にバランスのとれた政策決定を可能にしていたからに過ぎなかった。

さらに、連邦政府内部で権力をそれぞれに担っている諸部門が対立した場合に、それをどのようにして最終的に解決するかも明らかではなかった。確かに、連邦議会は大統領が立法を勧告しても無視でき、拒否権を行使しても覆すこと（オーヴァーライド）ができる。[*4] 大統領にはその場合の対抗手段はないのであって、合衆国憲法は基本的に議会を優越させている面が大きい。だが、議会が憲法の基本理念から見て明らかに許容されない立法、たとえば州の自律性を大幅に縮小してしまうような立法を行い、大統領の拒否権も乗り越えてしまった場合、それを止める方法がないのは、いかにも不都合かつ不自然であった。前章でもふれたように、連邦最高裁判所の長官であったジョン・マーシャルは、一八〇三年のマーベリ対マディソン事件の判決において、憲法に明文の規定がなかったとしても、そのような立法を許容せず、何が憲法に適合しているかを示すことは裁判所の責務であるとして、司法部門が最終的な解決者であることを定めた。

（2）共和主義から民主主義へ

権力分立制が議会に対する抑制、あるいは議会に代表される社会の多数派による過剰な権力行使（「多数者の専制」）の抑止を目指していたことを反映して、合衆国憲法制定時の選挙制度には、民意の直接的な反映という意図は限定的にしか込められていなかった。連邦議会の下院こそ、有権者資格を制限しつつも直接公選されたが、上院と大統領に関してはいずれも間接公選が採用された。すなわち、上院議員は各州議会が選任し、大統領は選挙ごとに構成される選挙人団によって選任されることになっていたのである。裁判官の任用には大統領の指名と上院の同意が必要とされたが、これも一種の間接公選による民意の遮断だと見ることができる（木南 二〇〇八）。

選出母体を異ならせた間接公選が採用された背景は、一方において各公職が異なった利害を代表することにより、特定の党派的野心や利益が政治権力を独占しないようにするためであり、他方においては慎重な選出過程をたどることで市民的徳性が反映されることを期待したためであった。社会の構成員である一般の人々の意向（民意）を反映した政策決定を目指す民主主義と、市民的徳性に基づいた政治指導者の公共精神や自己謙抑に期待する共和主義は明らかに異なった理念であった。そして、その制定に至る過程や思想的背景から考えても、大統領制の採用を含む合衆国憲法における権力分立は、共和主義の制度的表現としての要素を強く持っていた（待鳥 二〇一五b）。

だが結局のところ、アメリカ政治は民主主義へと向かい始める。一七九六年、ワシントンは大統領離任に際して公表した書面での挨拶（いわゆる離任演説）において、彼の政権下で生まれたフェデラリスツとリパブリカンズの対立を念頭に置きながら、党派間対立の弊害とそこから生じる「恐るべき専制」について語った。彼が認識していたように、共和主義的な意図を持った政治制度の下でも党派が成立することは避けがたく、大統領と副大統領の対立や党派色の強い裁判官任用などが起こるようになった。選出に当たる人々が市民的徳性に富んでいることを期待した、共和主義的発想による制度は、十分に機能しなかった。

それどころか、西部への領土拡大と新しい州の成立は、合衆国憲法制定時に存在した妥協や合意の維持を困難にしていった。一八二四年の大統領選挙は、民意から距離を置こうとする政治制度が党派的な対立と結びつくとき、重大な問題を生じさせることを示した。この選挙では、西部と東部の地域対立がリパブリカンズの内部分裂と重なり合ったが、連邦議会下院での決選投票では、西部派のアンドリュー・ジャクソンではなく、東部エリート層に支持されたジョン・クインジー・アダムズが当選した。ジャクソンは選挙人投票の三八％（二六一票のうち九九票）を獲得して一位だったが、過半数に達していないために下院での決選投票に持ち込まれた。各州が一票ずつを投じる決選投票では、下院の有力者であったヘンリー・クレイの支持表明もあり、アダムズが逆転勝利を収めた。[*5]

ジャクソンが米英戦争で名を上げた将軍だったのに対して、ジョン・クインジー・アダムズは第二代大統領であったジョン・アダムズの息子であり、マサチューセッツ州の名門一族の出であった。大統領選挙には西部対東部という地域間対立とともに、「一代で叩き上げた人物」対「名門の子弟」という地位対立の要素もあった。それは、庶民である「われわれ」と特権階級である「彼ら」の対立ともいえる。ジャクソン支持派はリパブリカンズを去り、民主党という新しい政党を結成して、州に昇格していない地域までを含む西部の利益を「民意」として表出しようとしたのである。

民主党は一八二八年大統領選挙でジャクソンを当選させ、さっそく当初の目的を達成する。ジャクソンが大統領に就任してからの約一〇年間はジャクソニアン・デモクラシーの時代といわれ、アメリカ政治における民主主義的傾向は強められた。その代表例が、下院議員選挙における有権者資格の制限が完全になくなり、白人成人男子の普通選挙が実施されたことである。さらに、西部の開拓農民らの負債軽減につながるインフレ志向の金融政策が容認され、かつての合衆国銀行と同じ目的を持っていた第二合衆国銀行の廃止なども進められた。

民意から距離を置くことを目的としていた大統領選挙や上院選挙にも、政党を介して各州の有権者の意向が反映されるようになり、これらの選挙の実質的意味は変化し始めた。その変化は、独立戦争期からのアメリカの代表観である地域代表や命令的委任の考え方を強める方向に作用した。すなわち、大統領選挙人を州議会などが選任し、本選挙での投票先は選挙人の自由意思に委ねるという方式は非民主的だとして一八三〇年代に衰え、四〇年代に入ると大統領選挙人が州の有権者の多数派が支持した候補とは異なる候補に投票を行うことは稀になった（Kazin, Edwards, and Rothman 2011）。今日ではほとんどの州で、選挙人が州の有権者の多数派が支持する候補に投票する誓約を行うよう義務づけている。また、一九一三年の憲法修正一七条によって、上院議員は各州を選挙区として直接公選されることになった。この間に、州レヴェルでの裁判官公選制も導入が進んだ（木南　二〇〇八）。

政党の形成から上院議員直接公選制の導入までの約一二〇年を経て、選挙の意味変容を具体的な手段としながら、アメリカ政治は共和主義から民主主義へとその基本理念を転換したということができる。

二　現代大統領制の成立

(1) 工業化で生じた新しい課題

一九世紀半ばまでのアメリカ政治における主要争点は、州や地域の独自性をどこまで認めるか、すなわち連邦制の具体的なあり方だった。合衆国憲法は州政府が関与できない連邦政府を創設し、その役割を明確化したが、個々の州の問題に連邦政府が関与することも認めてはいなかった。それゆえに、連邦政府が介入できない事項が全米的な関心事になると、憲法が定める連邦制のあり方が争われることになったのである。州ごとの奴隷制に対する態度の違いが内戦にまで至った南北戦争は、連邦制の争点化の頂点だったといえよう。

一八六五年に終わった南北戦争後の三〇年ほどの間に、アメリカは産業革命を経て世界最大の工業国になる。工業化を支えた要因の一つは、東欧や南欧、アジアからの移民の流入であった。彼らは産業革命の原動力となる一方で、英語を話せず、宗教や生活習慣も大きく異なっていることも多かったため、それに伴う社会的摩擦も無視できなかった。多様な出身地・人種・宗教の人々から構成されるという意味で、アメリカは建国当初から多民族国家であり、その多様性こそが基本的な特徴であった。しかし、その多様性が明確に意識されるようになるのは、この時期以降のことになる。工業化や移民の大規模な流入が続き、巨大企業が成立する一方で、西部の開拓農民たちは、緩慢な農産物価格の上昇や高止まりする鉄道運賃によって、生活が次第に苦しくなっていた。

つまり、一九世紀末には急速な工業化に伴う新しい問題として、独占企業の出現による弊害、移民の大規模流入を伴う都市の急激な膨張、児童労働などを含む劣悪な労働条件、生活環境の悪化、都市と農村の格差さらには政治腐敗などが目立つようになったのである。こうした新しい課題はいずれも、一つの州だけが対応すれば済むものではなかった。州や地方政府の自律性や独自性を制約しても、連邦政府が介入する必要性が高まったのである。たとえば独占の規制を行うとしても、対象となる企業は複数の州で活動しているのが当然であり、連邦政府が担うしかない。代表的な例は大陸横断鉄道である。大陸横断鉄道は農産物をはじめとする貨物輸送に大きな役割を担い、西部の農民にとっては不可欠の存在でありながら、州による運賃規制は困難であった。また、課題の複雑さも明らかであった。たとえば、移民や児童が搾取されることがないよう労働規制を進める場合にも、産業ごとの詳細なルールの設定は連邦議会の能力を超えていた。また、規制が守られているかどうかの調査や判断を担当する多くの官僚も必要とされた。

結果として、従来の政策決定の主たる担い手であった州政府や連邦議会に代わって、行政部門の長である大統領の下で専門能力を活かして働く官僚の役割が拡大し始めた。専門知識に基づく政府運営を高く評価する革新主義の理念が登場したことも、このような動きを後押しした。かくして、大統領と行政部門の存在感が強まり、役割が拡大したことは、二〇世紀以降のアメリカ国内政治の最大の変化となった。それは、かつて『ザ・フェデラリスト』においてハミルトンが想定していたような、行政部門が中心となるアメリカの新しい国家像の始まりだったといえよう。そのことが決定的になったのは、一九三〇年代のことであった。

(2) 大統領の新しい役割

一九二九年に世界大恐慌が起こり、それまで長く続いた共和党政権に代わって、三二年大統領選挙では民主党のフランクリン・ローズヴェルトが当選した。共和党と民主党はアメリカの二大政党としてこれまで一五〇年以上にわたって競争を続けているが、政権交代による政策転換がこれほど明確だったときは少ない。ローズヴェルトが唱えたニューディール政策は、連邦政府がさまざまな新規立法や経済規制によって深刻な経済危機からの回復を図った点に特徴があった。その提唱者は大統領、大統領に具体的なアイディアを授けたのはブレイン・トラストと呼ばれる側近集団、そして法案を作り、実施に当たったのはホワイトハウスのスタッフと各省の官僚であった。大統領の個人スタッフであったホワイトハウス・スタッフは、フランクリン・ローズヴェルト政権期の三九年に大統領府（Executive Office of the President: EOP）へと再編され、次第にその役割を拡大していった。

ニューディール政策としては、初期の立法である農業調整法（AAA）や全国産業復興法（NIRA）、あるいはテネシー峡谷開発公社（TVA）設置などがよく知られている。ローズヴェルト政権発足当時の失業率は二五％に達していたとされ、アメリカ経済の総需要は極度に収縮していたから、生産調整や大規模公共事業によって対応することが優先された。ただし、これらの初期立法は連邦最高裁によって立て続けに違憲とされたこともあり、政策の効果としては明瞭ではない。国内総生産や失業率といった主要なマクロ経済指標の動きからは、アメリカ経済が回復したのは第二次世界大戦勃発に伴う軍需によるという見解が今日では一般的である。

むしろ、ニューディール政策の決定的意味は、政府に対する有権者の期待を変化させたところにあった。従来の伝統的な経済政策であれば、景気循環は市場の自然な動きであって、不況時には税収も減少するために政府財政も緊縮させるという対応が当然であった。ニューディール政策によって、景気対策を中心とするマクロ経済政策を連邦政府、とりわけ大統領に期待する傾向がアメリカの有権者の常識になったのである。それと並んで重要だったのが、一時的な景気対策を超えて制度として確立したセイフティネットの創設である。たとえば、高齢者への公的年金給付の出発点となった社会保障法が最初に成立したのは、一九三五年のことであった。これらの政策により、アメリカ政治における大統領の存在感はさらに強まった。

第二次世界大戦後にも大統領の役割拡大は続いた。ニューディール政策を進めた民主党の支持基盤（ニューディール連合）は厚く、戦後も一九六〇年代までは圧倒的に民主党の優位が続いた。フランクリン・ローズヴェルト以降、ハリー・トルーマン、ジョン・F・ケネディ、リンドン・ジョンソンと四人の大統領が民主党から誕生し、三三年から六九年までの三六年間のうち二八年間の政権を担った。共和党の大統領は、第二次世界大戦の英雄であったドワイト・アイゼンハウアーのみである。しかも、この間ほぼ一貫して、連邦議会の多数党は両院とも民主党であった。その下でアメリカの社会保障は次第に拡充し、戦前から存在していた年金制度に加えて、高齢者向け医療保険制度（メディケア）や低所得者向け医療扶助制度（メディケイド）なども創設された。医療について国民皆保険制度が実現しないなど、西ヨーロッパ諸国や日本に比べれば民間に委ねられた領域が多く残ったが、それでもアメリカなりの「福祉国家」としての体裁が整えられた。

また、連邦政府は都市問題や人種問題などの政策課題にも取り組むようになった。その際の主たる手段は補助金や規制であった。大都市中心部にある老朽化して低所得層がほとんどを占めるようになった住宅を取り壊し、連邦政府の補助金を得て都市政府（自治体）が高層の公営住宅を建設するといった事業が、このような手法の例である。その多くは、政権側が基本的なアイディアを出し、議会からの広範な委任に基づいて官僚が制度の細部を設計して実施を進めるという形を取った。そのため、伝統的に官僚の専門能力を重視してこなかったアメリカでも、政策過程において官僚の役割が大きい「行政国家」としての特徴が広く見られるようになった。

合衆国憲法の制定当初から、外交は大統領の果たす役割が相対的に大きい分野とされた。一九世紀までの外交は、国家元首である君主やその下にいる外交官が専権的に担う分野であった（細谷 二〇〇七）。君主のいない国家として出発したアメリカも、その点では同じであった。大統領はアメリカの国家元首であり、軍の最高司令官であり、かつ外交を直接に担う国務長官や大使などを指名することができた。とくに軍の最高司令官としての地位を占めていることは、戦時において大統領がさまざまな決定の中心にいることにつながり、多くの政策が戦争指導という観点から大統領が行う判断に委ねられてきた。このような一時的集権化のことを、とくに「戦時大統領制」という（砂田 二〇〇四）。

合衆国憲法制定以後のアメリカでは、戦時大統領制が必要となるような大規模な戦争は、激しい内戦だった南北戦争を除くと一九世紀まではほとんど起こっていなかった。それが変化するのは、やはり二〇世紀に入ってからである。二〇世紀以降のアメリカは、第一次世界大戦や第二次世界大戦といった大規模な戦争、ヴェトナム戦争やイラク戦争のように小規模でも泥沼化した戦争、あるいは冷戦のように戦時に近い対応が要求される国際的な緊張関係に、ほぼ間断なく直面してきた。そのことは、戦時大統領制やそれに準じる集権化をもたらしやすく、大統領の存在感が強まる大きな一因となった。セオドア・ローズヴェルト、ウッドロー・ウィルソン、フランクリン・ローズヴェルトなど、二〇世紀以降の知名度が高い大統領たちは、多くが戦争の記憶と結びついている。

また、戦争がない時期にあっても、国際秩序の形成にアメリカが果たす役割が飛躍的に拡大したことも、二〇世紀以降の特徴である。アメリカは第一次世界大戦後に創設された国際連盟に参加せず、そのことが第二次世界大戦の遠因になったことはしばしば指摘される。そのことへの反省から、第二次世界大戦後の国際秩序形成にアメリカは徹底的に関与した。国際連合（国連）の創設をはじめとして、世界規模での多くの仕組みがアメリカによって支えられた。また、北大西洋条約や日米安全保障条約など、世界各地域の安全保障秩序の基礎となる条約も、多数締結した。これらのほとんどについての決定は、大統領主導で進められた。結果として、日本を含む外国にとっては、アメリカとの政治的接点はもっぱら大統領をはじめとする政権側ということになった。

（3）現代大統領制の出現

ここまで述べてきたように、二〇世紀以降におけるアメリカの国内政治や国際的地位の変化を反映して、大統領の存在感と役割は拡大した。また、第二次世界大戦後にはマスメディアとしてテレビが急成長を遂げたが、その仕事を一人の人物が体現する大統領は、テレビの政治報道にとって格好の素材であった。ケネディにおいて典型的にそうであったように、大統領個人の人柄や政治スタイルと政策が容易に結びつけられるため、人物とその画像によってインパクトを生み出すテレビとの相性が良かったのである。ロナルド・レーガンが提唱したレーガノミックスのように、経済政策に大統領の個人名が冠されるようになったのは、その表れであったといえよう。メディアに報道されることで、有権者の大統領への期待はますます強まった。大統領側でも、メディアへの対応をいっそう拡充させるようになった。

これらの変化は、アメリカ政治をめぐる議論においては一般に「現代大統領制（modern presidency）」の出現として理解されることが多い（Neustadt 1990）。これは、権力分散によって生じる政治制度の弱点を、当初は民主主義に対抗するところに存在意義があった大統領に民主主義の担い手としての役割を与え、政権側が持つ政策立案能力を強化することによって乗り越える試みだと捉えることもできる（Freie 2011）。世界的に見ても、議会ではなく大統領が政策決定を主導するのは、二〇世紀の大統領制諸国においてごく一般的になっていた（建林＝曽我＝待鳥 二〇〇八、待鳥 二〇一五b）。現代大統領制の出現は、このような世界的潮流のアメリカにおける表れと見ることも可能である。

連邦議会は、大統領が政策過程の中心になることを容認した。さまざまな経済的規制を進め、大規模な戦争のための動員を行っていく際には、専門能力を持った人々がアイディアを出し、緻密な実施計画を立てることが必要となる。だが、連邦議会には大統領にとっての補佐官や官僚に当たるスタッフ組織が十分にはなかった。ラジオ、さらにはテレビが中心となっていったメディアにとっても、地元以外では無名の議員が中心となり、非公開の場で裏取引を行うように進められる議会の意思決定は、相対的に扱いにくいものであった。さらに、一九三〇年代から六〇年代にかけてはほとんどの期間に民主党が政権と議会多数党の両方を握っており、議会として大統領に対決姿勢を取る意義も乏しかった。

司法部門、すなわち連邦最高裁もまた、結果的には新しい大統領の役割を受け入れた。フランクリン・ローズヴェルト政権による初期ニューディール立法に対して、連邦最高裁は当初、立て続けに違憲判決を下す。その論拠は、連邦政府が州内事項に介入することを許さない州際通商条項や、経済的自由を擁護する規定として用いられていたデュープロセス条項についての、従来からの解釈に求められた。しかし、政権側が判事の増員などによって連邦最高裁の立場を変えさせようとする中で、一九三〇年代後半に入ると最高裁はそれまでの判例を変更し、連邦政府が社会経済的課題に対して積極的役割を果たすことを認めるようになった。それはとりもなおさず、大統領が政策過程を主導する現代大統領制を認めることを意味していた。

しかし、他の新しい大統領制諸国には見られないアメリカの決定的な特徴は、大統領の影響力拡大が憲法典の改正（修正）によって行われたわけではなかったことである。アメリカにおける現代大統領制の出現は、合衆国憲法の明文規定を変化させずに、あくまで既存の権限の拡大解釈と、それを連邦議会や裁判所が追認することによって行われてきたことが、大きな特徴であった。もちろん、憲法典の改正がなかったことと、憲法が大統領に与える権限が実質的に変化したこととは別の問題であり、ニューディール期に生じたのは実質的意味での憲法改正だというべきであろう。[*6] だが、明文規定が変わらないままだったことは、大統領権限がどこまで拡大したのか、どれほど安定しているのかについて別の解釈の余地を残すものでもあった。それゆえに、議会と大統領の蜜月関係が崩壊する一九七〇年代以降には、大統領権限とその行使をめぐって新たな課題を生み出すことになる。

三　現代大統領制の困難

（1）大統領が直面するギャップ

アメリカにおける現代大統領制が、大統領が担う役割の実質を変化させながら、憲法典の明文規定は修正しなかったことは、アメリカの大統領に潜在的制約を課すことになった。多数派の行き過ぎを抑止することが想定されていた制度構造のままで、多数派の期待を担うという矛盾した役割が与えられ、そこで大きなディレンマに直面することになったからである。それは、大統領が持つ制度的権限と、大統領に寄せられる有権者の期待とのギャップといってもよい（Moe 1985）。詳しくは次章で扱うが、現代大統領制の出現に注目した政治学者のリチャード・ニュースタッドが、大統領の政治的影響力の源泉は説得しかないのだと喝破《かっぱ》したのも、まさにこのギャップの存在に注目してのことだったのである。以下の本書では、これをアメリカにおける「現代大統領制のディレンマ」と呼ぶことにしよう。

フランクリン・ローズヴェルト政権下で現代大統領制が確立されて以降、一九六〇年代までは、このディレンマはあくまで潜在していたに過ぎなかった。大統領とそのスタッフが持つ合理的な政策判断能力には高い信頼が寄せられており、民主主義的正統性が疑問視されることはあまりなかった。政権側がイニシアティヴをとり、社会経済的課題に連邦政府が積極的に取り組むことへの広範な合意、すなわち「リベラル・コンセンサス」の下で、政府に対する有権者の信認は六〇年代初頭に頂点に達した（Stanley and Niemi 2015: figure 3-8）。政権党はほぼ常に議会多数党だったこともあって、議会での多数派形成も決定的な制約とはならなかった。連邦最高裁もリベラル色が強く、連邦政府の積極的役割とそこでの大統領の実質的権限の拡大を、ほぼ一貫して受け入れ続けた。学界においては、セオドア・ロウィのように議会から政権や利益集団への実質的な白紙委任を問題視する論者は六〇年代から既に存在した（Lowi 1969）。だが、そこでも多数派はロバート・ダールらが五〇年代に提唱した多元主義的理解を受け入れており、ニューディール以降のアメリカ政治のあり方を肯定する傾向が強かったといえよう。

現代大統領制のディレンマが強く意識されるようになったのは、一九七〇年代以降のことであった。その一因は、ニューディール連合が崩壊し、民主党の優位も失われたことから、政権党と議会多数党が異なる分割政府（divided government）が常態化したことに求められる。八〇年代半ばまでは議会内政党のまとまりはなお低水準にあったが、それでも大統領にとって、分割政府が議会多数派の確保が困難な状況を作り出すことは確かである。とくに、憲法の規定のままでは大統領の制度的権限が乏しいアメリカ大統領制の場合には、有権者の期待水準は引き続き高いにもかかわらず、議会での多数派形成ができないことによる政権側への制約は強く作用する。これは明らかに、憲法典の明文改正を伴わない憲法変革による大統領制の変化の帰結であった。

一九六〇年代末に大統領になったリチャード・ニクソンに「帝王的大統領制」との批判が向けられたのは、政治的影響力と期待のギャップという現代大統領制のディレンマを、議会の軽視ないし無視によって乗り越えようとしたことに起因していた。ニクソンは、議会を通過して成立した歳出予算の執行を大規模に留保したが、その際の理由として、議会の無能と非効率性を挙げた（待鳥 二〇〇三）。ニクソンの言い分の根底には、二〇世紀初頭から続くアメリカ大統領制の変容と共通する論理、すなわち新しい課題に対応するには議会では能力が不足しており、大統領の積極的役割を認めていくしかないという考えが存在した。しかし、そのような論理を拡張していけば、権力分立というアメリカ政治制度の根本原則は失われてしまう。大統領の積極的な影響力行使に対する議会と有権者の黙示的同意が得られなくなると、ニクソンは憲法的危機をもたらしているとして批判されることになったのである。

憲法典の改正（修正）を経ずに、アメリカ大統領の役割を民主主義的正統性と機能的合理性を兼ね備えたものへと変化させる動きが行き詰まったとき、オリジナルの憲法構造への回帰の試みがなされたのは不思議なことではない。一九七〇年代半ばに始まる連邦議会の自己改革は、予算編成権限や戦争権限について、政策判断能力と自律性を取り戻す試みであった。八〇年代に入ってからは司法部門も、連邦制（州権）の問題などを中心に、憲法を制定者の意図に立ち返って解釈しようとする「原意主義（originalism）」を強めた。[*7] それはしばしば指摘されるイデオロギー的な保守化にとどまらず、権力分立の実質的意味を回復することを目指したものであった。

しかしこれらの動きに対しては、本書の最後に当たる第六章でも検討するように、制定期の憲法構造への単純な回帰は不可能であるという現実的な問題が指摘できる。同時に理念的にも、憲法はもともと共和主義的であるために、原意主義的な解釈によってアメリカ政治の民主主義的要素が後退するという難問を抱えざるを得ない。大統領の役割を大きく変えることで合衆国憲法と民主主義体制の共存が成立している以上、制定者の意図を重視した憲法理解は憲法を非民主的な存在にしてしまうという別のディレンマを引き起こす恐れが強いのである。連邦議会にせよ最高裁にせよ、権力分立への回帰は必ずしも貫徹しておらず、今日までのところ、大きく見れば現代大統領制の基本的特徴はなお失われていない。

（2）政党間関係の分極化という新たな問題

現代大統領制のディレンマの顕在化と、それへの対応としての権力分立への回帰傾向や「ポスト現代大統領制」への志向に加えて、アメリカの大統領制には今日別の大きな問題が存在する。政党間関係の分極化（polarization）である。南部保守派の民主党支持からの離反、共和党内における宗教右派勢力の台頭などの要因により、一九九〇年代以降のアメリカ政治は、二大政党のイデオロギー的懸隔《けんかく》の著しい拡大と、各政党内部での一体性の強まりという、大きな変化に直面している。既に指摘したように、政党の介在がアメリカ大統領制を民主主義的政治制度に変化させる上では大きな意味を持っていた以上、政党間関係の変化は大統領制のあり方にも影響を与えざるを得ない。

目下のところ、分極化に対する大統領の対応としては、政党間対立からできるだけ距離を置くことで超党派的な政治指導を行おうとするビル・クリントンと、党派的といわれかねない政策課題にあえて取り組むことで正面突破を図るバラク・オバマという、二つの異なった例が見られる。ジョージ・W・ブッシュは在任期間の多くが二〇〇一年に起こった九・一一テロ後の実質的な戦時に当たっており、評価が難しいが、就任直後はオバマ的な方向性、任期満了間際はビル・クリントン的な方向性であったようにも思われる。このような差異が生じる要因は、大統領の個性もさることながら、議会において政権党が過半数の勢力を確保できているかどうかによるところが大きい。分極化が政党内部のまとまりを伴う以上、現在は分割政府であるかどうかによって政策過程の困難さは大きく違うからである。

党派性を前面に出すオバマの行動は、このような文脈の中でどのように位置づけるべきなのだろうか。二〇〇八年大統領選挙ではアメリカの統合回復と超党派的な変革を訴えたオバマだが、就任後には医療保険制度改革に代表されるような思い切った政策に取り組んだ。二〇一〇年中間選挙までは連邦議会でも民主党が両院の多数を占めており、党派対立を強めることによって立法成果を挙げるという戦術には一定の意味があった。この時期のオバマの姿勢に関しては、議会多数党に寄り添うという意味で「首相的」という形容さえ与えられることがある（西川 二〇一五）。

ところが、中間選挙によって下院の多数党を共和党に明け渡してから後も、オバマは大統領行政命令（executive order）や覚書を駆使し、移民法の運用を大幅に変えるなどの試みを進めている（梅川 二〇一六）。つまり、政権末期である今日に至るまで、オバマの対応は基本的に変化していないのである。これは結局のところ、首相的な大統領というよりも、分極化する政党間関係におけるどちらか一方の担い手になることを意味する。それは憲法制定以来一貫する、国民統合の象徴としての大統領という位置づけにすら変化を生じさせかねない、重大な選択であるようにも思われる。

アメリカ大統領制は、現代大統領制のディレンマに代わる、新しい課題に直面しつつあるのかもしれない[*8]。このような認識を出発点として、今日の大統領がディレンマにいかに対処しているか、そこから次なるアメリカ大統領制の特徴が見出せるかどうかが、本書全体を貫く関心となる。

＊　本章は前章と同じく、これまでに公表した拙稿（待鳥　二〇一〇a、二〇一四、二〇一五c）に基づき、全面的な再構成と改稿を行ったものである。

註

＊1　合衆国憲法の訳文は、松井（二〇一二）による。ワシントンの就任演説に至る過程については、以下のアメリカ国立公文書館のウェブサイトにある重要史料解説を参照。https://www.archives.gov/legislative/features/gw-inauguration/　演説のテキストは、同じく国立公文書館のウェブサイトに収められている。最終アクセスはいずれも二〇一六年七月一〇日。http://www.archives.gov/exhibits/american_originals/inaugtxt.html

＊2　詳細に見れば、合衆国憲法の下で連邦政府が活動を始めた時点では、ノースカロライナとロードアイランドは未批准であり、州として合衆国に加入してはいなかった。両州は第一回の大統領選挙にも参加していない。

＊3　両者の相違点としてもう一つ重要なのが、フランス革命というヨーロッパの巨大政変を前に、宗主国であったイギリスに与するか、独立戦争における同盟国であったフランスに与するかという問題であった。フェデラリスツには、ハミルトンだけではなく第二代大統領のジョン・アダムズなども加わっており、イギリスとの関係を重視した。これに対してリパブリカンズは、ジェファソンが独立直後に駐仏公使だったこともあって、親フランス的であった。フェデラリスツのアダムズ政権は親仏派を弾圧しようとしたため、これに批判的なマディソンらもリパブリカンズに加わった。

＊4　連邦議会による大統領拒否権のオーヴァーライドが初めて行われたのは、今から一七〇年以上前の一八四五年であった。このときには、沿岸警備隊の艦船建造に関して大統領の裁量を認めず、議会による

歳出権限付与を必要とした立法に対して、ジョン・タイラー大統領が拒否権を行使し、それを議会が三分の二の多数で覆した。だがその件数は全体的に少なく、大統領の拒否権行使に対してオーヴァーライドが行われたのは、今日までの合計で五％程度とされている。以下の連邦議会下院のウェブサイトを参照。最終アクセスは二〇一六年七月一〇日。http://history.house.gov/Historical-Highlights/1800-1850/The-first-congressional-override-of-a-presidential-veto/

＊5　決選投票では、ニューヨーク州以北のすべての東部七州、メリーランド、オハイオ、ケンタッキー、イリノイ、ミズーリ、ルイジアナの各州が、ジョン・クインジー・アダムズを支持した。ジャクソンに投票したのは、南部の四州とインディアナ、ペンシルヴェニア、ニュージャージーの七州であった。各州一票という方式では、州が小さく分かれている東部に有利であることは明らかである。

＊6　このような理解については、阿川（二〇一六）や岡山（二〇一六）を参照。筆者自身も、とりわけ分析上は「憲法改正」という概念を憲法典の改正に限定するのは狭すぎ、ニューディール期のアメリカのような憲法典修正によらない実質的意味の憲法の変化を含めるべきだと考えている（待鳥　二〇一六）。アメリカの場合、合衆国憲法の文言を変えることと比べると、時間的制約や批准ができずに終わるというリスクからは、このような対応は自然だったともいえる。ただし、憲法典の明文改正と判例や解釈の変更による実質的意味の憲法の変化は、長期的な効果においては全く同じになるとは限らず、アメリカではそれが本書にいう現代大統領制のディレンマを生み出す原因ともなったと考えている。なお、憲法改正を広く捉えつつ、憲法典の改正になお特別な意味がありうるという理解については、浅羽祐樹教授の見解から示唆を得た。

＊7　原意主義についての政治学的分析はたとえば岡山（二〇〇九）を、法理論的分析はたとえば松尾（二〇一〇～一一）、大林（二〇一二）を参照。

＊8　久保（二〇一五）は、任期の最終盤を迎えたオバマ政権がどのような実績を挙げられるかは、大統領権限のあり方と密接に結びついている、と論じる。政府他部門との関係における大統領権限の行使の態様こそが大統領制の特徴を規定するのであり、久保の指摘は本書の関心と通底するといえよう。

第三章
ディレンマを考える視点

ロナルド・レーガンは、一九八〇年大統領選挙で「強いアメリカ」と「小さな政府」を訴え、現職だったジミー・カーターの再選を阻んで当選した。彼の経済政策はレーガノミックスと呼ばれ、大規模減税による民間の投資や消費の刺激、国防費を除く歳出削減による政府サーヴィスの縮減を目指していた。同じときに行われた連邦議会選挙では、レーガンが所属する共和党が五五年以来二六年ぶりに上院の多数党となり、下院でも議席を増やした。政権側で大統領予算（予算教書）の策定を担ったデイヴィッド・ストックマン行政管理予算局長の巧みな戦略もあり、連邦議会の民主党は、レーガン政権発足直後の二年間にわたってレーガノミックスを反映した予算編成を事実上受け入れざるを得なかった。

しかし、レーガノミックスが巨額の財政赤字をもたらし、一九八二年中間選挙で民主党の議席が回復し始めると、風向きは変わった。レーガンは自らの経済政策を語り続け、それを反映させた予算編成を求めて、連邦議会に予算教書を送り続けた。だが、連邦議会のジム・ジョーンズ予算委員長は「過去二年間にわたる議会の過ち」について語るようになり、以後レーガンが議会に送付する予算教書の意味は大幅に低下して、議会への「到着時には死亡（dead on arrival）」という表現さえ使われた。九〇年代に入り、ニュート・ギングリッチに率いられた共和党は連邦議会下院での多数党獲得を目指すが、その背景には議会多数党の地位を確保できなかったレーガン政権時代の経験があったという（待鳥 二〇〇三、二〇〇九a）。

このエピソードは何を意味するのだろうか。前章で見たように、二〇世紀に入るとアメリカ大統領制のあり方は大きく変化した。大統領が提唱する政策路線に沿って議会が立法を行う傾向が顕著になり、有権者やメディアの関心も大統領に集中するようになった。連邦議会の役割がなくなったわけではもちろんないが、大統領との相対的な影響力のバランスは大きく変わっていった。やや荒っぽい言い方をしてしまえば、議会の暴走を抑止する大統領という構図が、大統領の暴走を抑止する議会という構図へと変化したのである。このように政策過程での主導権を握り、積極的な役割を果たしていく新しい大統領の姿を捉えて現代大統領制と呼ぶ。

現代大統領制の出現は、社会や市場との関係で政府が果たす役割の拡大、さらには立法部門である議会に対する行政部門の役割の拡大といった二〇世紀の世界各国が直面した変化への対応という側面を持つ。大統領制を採用する諸国は二〇世紀に入ると増加するが、その多くは憲法上の大統領の権限をはじめから大きくしておくことで、政府とりわけ行政部門の役割が拡大する傾向に対処していた。しかしアメリカの場合には、明文の憲法改正を通じた大統領権限の拡大は行われなかった。アメリカのように大きな国では憲法典の全面的な改正は難しいし、解釈や運用によって大統領権限を拡大できれば、実質的な問題はなかったともいえる。

だが、それは大統領の権限拡大について議会や裁判所を含めた主要アクターの合意がある限りにおいてのみ、政治の安定をもたらすものであった。ニューディール期から一九六〇年代まで存在したリベラル・コンセンサスとは、社会経済的課題に対する連邦政府の積極的役割を認めるにとどまらず、その具体的な担い手としての大統領の権限拡大をも受け入れる合意であった。しかし七〇年代以降、このような合意が失われるにつれて、権限と期待の間で大統領が直面するギャップが顕在化した。この点こそアメリカの現代大統領制が持つ最大の特徴であり、かつアメリカの大統領が向き合わざるを得ないディレンマである。本書ではそれを「現代大統領制のディレンマ」と呼んでいる。冒頭に挙げたエピソードは、レーガンのように明確な主張を行い、広範な支持を確保していた大統領であってさえ、現代大統領制のディレンマから逃れられないことを示している。

では、このディレンマは理論上どのように定式化することができるのだろうか。それを明らかにする作業を通じて、本書の分析上の着眼点を提示することが、本章の課題である。

一 ディレンマはどのように理解されてきたか

(1)「説得」への注目

大統領がギャップに直面していることを明らかにしたのは、リチャード・ニュースタッドであった(Neustadt 1990)。自らもジョン・F・ケネディ政権にスタッフとして加わった経験を持つニュースタッドは、大統領の制度的権限はそれほど小さいわけでないとしながらも、その権力の本質は「説得」、すなわち相手方の同意を伴った影響力行使に限定されることを指摘した。説得による影響力行使は、大統領府スタッフや官僚、連邦議会、所属政党、一般市民、そして諸外国といった五つのアクターから間断なく大統領に向けられる支援やサーヴィスの要求に応じるためには、不十分なものとならざるを得ない。そして、大統領に寄せられる期待と説得の効果の間に存在するギャップから、現代大統領制を考えようとしたのである。本書の「はじめに」で引用したハリー・トルーマンの発言も、ニュースタッドの著作から引用したものである。

彼がこの研究を最初に公表したのは一九六〇年のことで、当時はまだリベラル・コンセンサスが健在であり、後年に比べれば大統領の意向を政策決定に反映させることは容易であった。それでもなお、現代大統領制において期待される役割を果たしていくためには、大統領は説得を通じた相手方の同意に頼らざるを得なかったのである。言い換えれば、彼はまだ多くの場合には潜在しているに過ぎなかった現代大統領制のディレンマを、最も早くから見抜いていた。ディレンマは、リベラル・コンセンサスが失われて説得が受け入れられにくくなるにつれて、いっそう強まっていった。

それゆえに、ニュースタッドの研究はアメリカ大統領制研究の古典としての地位を占めるようになり、その後のほぼすべての議論の出発点となった。最近に至っても、ある論者は、「ニュースタッドの本はほぼ間違いなく、過去五〇年間の大統領制に関する最も重要な文献となった」と述べる（Freie 2011:7）。また別の論者は、やや異なる文脈においてではあるが、今日なお「大統領制の研究は「現代」大統領制のユニークさに関して、ニュースタッド以降の視角の中に凍結されてしまっている」と指摘する（Kleinerman 2014:6）。あえて大まかな整理をすれば、今日のアメリカ大統領制研究は、大統領にさまざまな要求を行うとされた五つのアクターのそれぞれについて、説得以外の関係構築や影響力行使が可能かどうかを検討する試みが続いているといえよう。

このうち国外アクターとの関係については、本書が主として内政面の大統領を扱うために今回は除外する。残る諸アクターと大統領の関係について、アメリカの政治学者たちの近年の研究では何が焦点になっているのか、いかなる議論が提示されているのかを、いささか素描的ではあるが検討することにしたい。[*1] その作業を通じて、現代大統領制のディレンマを考えるための着眼点が浮かび上がってくるであろう。

(2) 政権内の「真の実力者」を求めて

アメリカは大統領制を採用しているが、内閣(cabinet)という概念が存在しないわけではない。政治任用される各省長官らの閣僚を中心に、副大統領や首席補佐官ら最高位スタッフを総称する慣行的な名称として「内閣」という語は用いられている(Dickinson 2011)。もっとも、内閣が政権内の意思決定において最も重要な存在であるということまではできない。歴史的に見れば、閣僚と副大統領は憲法制定時から大統領を補佐することが期待された存在であったが、実際にそのようなポストとして運用されてきたわけではなかった。一八世紀には大統領選挙で第二位になった候補、すなわち当選した大統領とは異なる党派に所属する人物が副大統領になることが憲法に定められていた。その後、一八〇四年の憲法修正を経て、さすがに副大統領は大統領と同じ政党から選出されるようになった。だが、党内のライヴァルを封じ込めるため、あるいは盟友に対する報償として、副大統領や閣僚、さらに主要国大使などを含む下位の政治任用ポストを配分することは、何ら珍しいことではなかった。[*2] ポスト配分の理由がさまざまであるために、政権内部の影響力関係も常に流動的になる。

政権内における大統領との距離が非制度的であり、政権ごと、時期ごと、あるいは政策課題ごとの差異が大きいとなれば、その点についてさまざまな見解が登場するのもまた当然のことである。一般には、政権内の誰が「真の実力者」であるかについて、個人名に注目した議論がなされることが多い。リチャード・ニクソン政権下のヘンリー・キッシンジャー国務長官（当初は安全保障問題担当補佐官）や、ジョージ・W・ブッシュ政権におけるディック・チェイニー副大統領などは、こうした「真の実力者」とされた人物の最たる例であろうし、ジョン・F・ケネディ政権が一九六二年のキューバ危機に直面した際に、弟のロバート・ケネディ司法長官が果たした役割もよく知られている。

しかし研究上の最大の焦点は、合衆国憲法制定時から存在する副大統領や閣僚、あるいは閣僚の下にいる各省官僚と対比させながら、フランクリン・ローズヴェルト政権期の一九三九年に創設され拡大を続けた大統領府の役割をどのように位置づけるか、というところにある。「真の実力者」をめぐるさまざまな見解は、これらの研究成果を暗黙のうちに援用している面がある。大統領府には、補佐官や報道官といったホワイトハウス・スタッフに加えて、行政管理予算局や通商代表部などのスタッフ機構が含まれる。これまで多くの研究が、閣僚と補佐官との関係や、大統領府内部での影響力関係について行われてきた（三輪　二〇〇三、廣瀬　二〇〇七；Vaughn and Villalobos 2011）。

（3）大統領府スタッフと官僚のいずれを重用するか

大統領府スタッフを含む政治任用が、実務的な下位ポストについても多数行われていることは、アメリカの大きな特徴である。このような政治任用は一九世紀から続くものではあるが、内実は大きく変化しており、かつてのように単純な党派的報償と見なすことは不可能になっている。今日の下位ポストへの政治任用は、党派性に加えて、任用される人物の高い専門能力や当該政策分野に関与するさまざまな利益集団、人種・性別など多様なバックグラウンドとの関係も無視することはできないのである。たとえば専門能力についていえば、今日の政治任用者はしばしば博士号などを持ち、一般の官僚よりもはるかに高学歴、かつ所轄政策分野について専門的知見や有識者のネットワークを持っていることが知られている（久保　一九九七、菅原　二〇〇九；Moe 1989）。

ここから当然に、政権内での政策立案に対して、比較的下位の政治任用者がどのような役割を果たしているか、政治任用をどのように行えば大統領の影響力が大きく、あるいは小さくなるのか、という研究上の関心も生まれてくることになる。つまり、各省官僚と大統領府スタッフのいずれが、政策過程でより大きな影響力を行使しているのか、という問いである。また、二〇〇五年のハリケーン・カトリーナへの対応で批判を受けた連邦緊急事態管理庁（ＦＥＭＡ）のように、業務に関する専門性を欠いた人物をトップに政治任用すると、その組織の機能が低下することも指摘されている。また、その延長線上で政治任用の人事システムに関する改革提案もなされている（Lewis 2007, 2012）。

現在のところ、この点について最も包括的で説得的な見解を提示しているのは、アンドリュー・ルダレヴィジの研究である（Rudalevige 2002）。彼の業績は、政権内からアメリカ大統領制を考える場合には最も重要な成果だと位置づけられよう。ルダレヴィジが注目したポイントの一つは、大統領が大統領府スタッフと官僚の双方をどのように使い分けているのか、というところにある。先にも見たように、現代の政治任用者は専門能力において非政治任用の官僚をはるかに凌駕《りょうが》することが少なくない。その一方で、短い任期で個人としての成果を出さねばならないために、しばしば強引な政策転換を図る傾向があるとされる。大統領はそのことを念頭に置きながら、政策転換を図りたい場合には大統領府スタッフを、現状維持を想定する場合には官僚を重用するというのである。

なお、近年では日本を含め議院内閣制が大統領制に近づいているという見解が登場している。この見解は「議院内閣制の大統領制化（presidentialization）」あるいは「大統領的首相」の登場などと呼ばれるが、大統領府の拡充についてはあまり十分に注目されていないように思われる。議院内閣制の「大統領制化」や首相の「大統領化」が論じられるとき、そこで想定しているのはアメリカ大統領だが、その際の関心はもっぱら大統領の個人的魅力を政治的に活用する側面である。前章で見たように、アメリカ大統領には確かにメディア露出などを通じて個人的魅力により政策を展開する部分があり、重要な政治的資源となっている。レーガンなどはその代表例であろう（村田二〇一二）。

だがそれは、二〇世紀初頭まではほとんど想像もできなかった規模でのスタッフ機構が整備されたことと同時並行で生じた変化である。メディア露出を通じた政治の「人格化（personalization）」とスタッフ機構強化は、大統領にとっての政治的資源増大の両輪と見なければならない。そして、スタッフ機構という点では行政官僚制と議会多数党が一体になって政権を運営する議院内閣制がもともと大統領制より整っていたのであり、スタッフ機構の拡充に注目すれば、大統領制が議院内閣制に接近してきたことになる。つまり、議院内閣制が大統領制のようになっているというよりも、両者の相違が小さくなっているということなのであろう（待鳥二〇一五b）。

（4）連邦議会と大統領

合衆国憲法が定めるアメリカの政治制度は、連邦政府と州政府との間の役割分担である連邦制と、連邦政府内部での分業に関わる権力分立制（大統領制）が、ともに大きな要素であった。前章までに見たように、一九世紀までは、南北戦争を頂点として連邦制の方が政治争点化しやすかったとさえ考えることができる。しかし二〇世紀に入ると連邦制の問題は次第に後景に退き、ニューディール期に合衆国憲法の州際通商条項やデュープロセス条項の解釈が変わり、戦後には人種問題における州権論が退けられることにより、政治争点化することはほとんどなくなった（木南　一九九五、阿川　二〇一三）[*3]。

これに対して大統領と連邦議会の間の部門間関係をめぐる問題は、産業革命後の一九世紀末頃から、連邦政府の役割が大きくなるにつれて重要性を高めてきた。その本質は、政策過程で主導的役割を果たすようになった大統領が、憲法上の権限は依然として大きい連邦議会において、いかにして多数派形成を行うかというところにある。大統領と連邦議会の関係は、アメリカの大統領制と政策過程のあり方を考える上で、最も重要な側面だといえる。

部門間関係を重視した大統領制研究の代表格は、ニュースタッドの「権力を分有しながら分離した制度」という議論を発展させた、チャールズ・ジョーンズの研究であろう（Jones 1995, 2005）。ジョーンズは、大統領と連邦議会は「分離した、しかし対等な部門（separate but equal branches）」であるとして、大統領が連邦議会において立法上の成功を収めることの意義と困難さを指摘した。一九七〇年代から九〇年代初頭にかけて、大統領選挙では共和党候補が勝利を収めることが増えた一方で、連邦議会では民主党多数が続いた。その後は逆に、大統領選挙では民主党の復調が見られるが、連邦議会では共和党が過半数を確保する傾向が見られるようになった。これらはともに、大統領の所属政党（政権党）と議会の少なくとも一院で多数党が異なっている分割政府に当たる。ジョーンズの見解は、分割政府の常態化という変化に適合的だったのである。

分割政府への関心は、それが政策過程に行き詰まりをもたらし、連邦議会において法案が可決される比率（立法生産性）を低下させるかどうかに、当初から主たる関心が寄せられてきた。分割政府が政策過程を行き詰まらせるという考え方は緻密に検証されてきたわけではなく、むしろ常識に近いものであった。それに対して、一九五五年以降の重要立法の網羅的な検討から、立法生産性の低下は認められないと論じたのが、九〇年代前半に初版が刊行されたデイヴィッド・メイヒューの研究であった（Mayhew 2005）。メイヒューの見解は学界に大きな衝撃を与えるとともに、公表直後から多くの批判や反論も呼び起こしてきた。早い段階で行き詰まりや立法生産性の低下を主張した論者としては、たとえばジェイムズ・サンドクィストやジョン・コールマンなどが挙げられる（Sandquist 1992; Coleman 1999）。

その後、部門間関係と立法生産性の連関以外の要因にも注目しながら、メイヒューの見解を批判的に再検討する動きが強まっている（Binder 2003; Shipan 2006）。たとえばサラ・バインダーは、分割政府の問題を考えるためには部門間関係に注目するだけではなく、政党間関係などについても視野に入れねばならないことを指摘する。実際にも、ビル・クリントン政権期の一九九五年やバラク・オバマ政権期の二〇一一年には、分割政府と激しい政党間対立が重なり合って、連邦政府の一部機関が予算未成立のために一時閉鎖されるという事態も生じた。立法生産性を示す連邦議会での法案通過率という指標で見ても、二〇一一年から一三年の第一一二議会は最低水準にまで落ち込んだ。メイヒューが提示した分析結果は当時としては説得力があったが、その後の現実の変化や分析手法の発展を考えると、分割政府は政策過程にマイナスの影響を与えるという結論で、既に決着しつつあるのかもしれない。

(5) 政党間対立と大統領

バインダーが指摘していたように、政策過程の行き詰まりが今日深刻化している原因は、分割政府が頻繁に出現することだけではなく、それが政党間の激しい対立と同時に生じるようになったことに求められる。この点に関しては第五章で改めて扱うが、現在では部門間関係と政党間関係が結びつき、重なり合って影響を及ぼすために、分割政府の場合に政策過程が著しく停滞してしまう傾向が明らかに見られる。

言い換えるならば、たとえば共和党政権が誕生したとしても、連邦議会において多数党を占めているのが民主党なのか共和党なのかによって、また民主党と共和党という二大政党が議会内でどの程度激しく政策的に対立しているのかによって、大統領が選挙公約や就任時に掲げた政策がどれだけ推進できるかは大きく異なっている。[*4]日本を含めた外国からの視線は、依然として大統領選挙とその結果としての大統領の所属政党に集中しがちなのだが、実際には大統領の唱える政策だけをフォローしていては不十分な時代になっているのである。

その意味では、一九九〇年代に連邦議会内部の政党間対立を前提にしつつ、それから超然とすることによって大きな成功を収めた、ビル・クリントン政権の「三角戦略（三角測量戦略、triangulation strategy）」さえも、既に過去のものだといえるかもしれない。[*5]かつてニュースタッドが区分していた、大統領が連邦議会と構築する関係と所属政党や非政権党と構築する関係は、もはや事実上重なり合っている。そのために、大統領と連邦議会の関係についての研究は、部門間関係という視点と政党間関係という視点が合流し、まさに汗牛充棟《かんぎゅうじゅうとう》というべき状況にある。

現在では政党間の対立が激しいために、分割政府の下での大統領は、あらゆる政治的資源を駆使して望ましい政策を推進するとともに、望ましくない政策の実現を阻止しようとする。それは、今まで使われてこなかった戦術や手法の活用にもつながる。従来よく知られてきた教書送付や拒否権行使の意味は依然として大きいにしても、それらだけが大統領の手段ではないと考えられるようになっているのである。たとえば法案成立時の大統領署名が持つ意味など、新しいテーマも注目されつつある（梅川　二〇一五）。

また、大統領が連邦議会に対して行う態度表明や用いるレトリックがもたらす効果についても、研究自体は比較的新しいものの広く意義が認められている。大統領の態度表明やレトリックといえば、たとえばオバマが就任前まで多用した「そうだ、やれるんだ（Yes We Can）」などのキャッチフレーズを連想するかもしれない。長い選挙戦で鍛え上げられることや、スタッフの徹底したサポートもあり、アメリカの大統領はおしなべて雄弁家である。

研究上の関心は、単なる雄弁さに向けられるというよりも、個別の法案に関する立法過程での大統領のさまざまな発言の内容や、そこに見られる議員向けや有権者向けの意図である。たとえば福祉改革によって失業手当と雇用訓練を組み合わせようとする大統領がいる場合に、それを歳出削減の手段として位置づけるのか、あるいは社会経済的弱者に自立の機会を与えるための手段として位置づけるのかによって、誰がその政策を支持してくれるのかは異なってくる。

大統領は、自らが望ましいと考える政策を実現させるためには、連邦議会に多数派を形成する必要があるが、先にも見たように今日では分割政府の場合にその困難は著しく強まる。議会内での政党間の対立が強まり、非政権党である議会多数党から大統領を支持する投票を行ってくれる議員が大幅に少なくなってしまったためである。議会内多数派に大統領の方針を受け入れさせる方法としては、大統領のアジェンダ設定に注目したジョン・ボンドらの研究（Bond and Fleisher 1990）、あるいは世論への訴求に注目したサミュエル・カーネルやブランダイス・ケインズ－ローンの研究（Canes-Wrone 2005; Kernell 2006）など、大統領がいかに政策を語るかが意味を持つという議論は以前から展開されてきた。

最近では、語られる内容そのものではなく、いかなる状況で語るのかが重要な意味を持つ、あるいはそもそも語ることが政党間対立を助長することにつながり、かえって多数派形成を困難にしている、といった研究も登場している（松本　二〇〇九～一〇）。実際にも、オバマのように党派的な立場をあえてとることによって困難な政策課題に取り組もうとするリーダーシップ・スタイルが目立つようになっている。国内の諸対立から超然とした調停者、国民統合の象徴としての大統領のイメージは、今後変わってくるのかもしれない。

(6) 有権者に訴えかける大統領

大統領が独任制のポストであり、一九世紀前半に選挙人団による選任がその実質を失って有権者からの直接公選に近くなったことは、大統領が有権者との関係を重要な政治的資源にできることを意味していた。ジョージ・ワシントンの離任演説に始まり、エイブラハム・リンカーンのゲティスバーグ演説など、一九世紀までにも大統領のメッセージや演説が注目を集め、大きな政治的意味を持った例は見られる。しかしとりわけ、二〇世紀に入ってからのラジオやテレビといった音声や映像を用いるメディアの登場が、独任制であるがゆえに制度的地位が特定の人格によって表現されうる大統領に有利な条件を作り出したといえる。先に検討したレトリック研究も、明らかにそのことを前提にした議論を行っている。

マシュー・エシュボウ－ソハは、大統領がメディアを介して有権者との関係を形成する手段として、全国テレビ演説、中継されない小規模スピーチ（大学卒業式でのスピーチなど）、インターネットでのポッドキャストを含むラジオ演説、ジャーナリストとのインタヴュー、および専用機で移動中などに行う記者懇談を挙げる。そして、注目度が高いのは全国テレビ演説だが、その回数はどの大統領も年間数回に限られており、他の手段を含めてメディアを介した大統領と有権者の結びつきが把握できることを指摘している（Eshbaugh-Soha 2011）。また、これらのほとんどが一九世紀には存在しなかったコミュニケーション手段であることも、改めて認識しておくべきであろう。政権内に報道官ポストが置かれ、演説草稿を作成するスピーチライターが重用されるようになったのは、無論このような変化と同時並行的であった。

しかし、メディアは大統領にとって有利に作用するだけではない。大統領がメディアを利用する一方で、メディア側も大統領を含めた政治をコンテンツとして活用しているのであり、そこには当然ながらネガティヴな評価が含まれる。たとえば、オバマが大統領に就任して以降、アメリカの代表的な世論調査会社であるギャラップ社は支持率の変化を毎日調査して公表している。テレビの主要ネットワークも、最長で一カ月おきに世論調査を行っており、支持率が下降傾向になれば似たような数値が各媒体に一斉に現れるという状況になっている。世論の「流れ」や「趨勢《すうせい》」のようなものがメディアを介して形成され、大統領側からは太刀打ちできないという事態にもなってしまうのである。[*6] このような傾向は大統領選挙の時点でも既に存在しており、メディアとの良好な関係を築くことはもちろん、世論調査で負の流れが生じないようにすることの重要性も強まっている。

少し違った文脈では、大統領が社会運動家と連携することによって政治的革新をもたらしているという見解も存在する（Milkis, Tichenor, and Blessing 2013）。ニューディール期以降、有権者は大統領を社会経済的変革の重要な担い手だと見なすようになったが、それは当然ながら社会運動家にとっても意味のある変化であった。大統領が社会運動家の目指す立法を支持したり、あるいは大統領行政命令を通じて社会的変化をもたらす可能性が強まったからである。一九六〇年代のリンドン・ジョンソン政権と公民権運動、八〇年代のレーガン政権と宗教右派の台頭には、いずれもこのような意味で密接な関係が存在した。

それは一方において大統領が自らの望む政策を展開するための資源になったが、他方では特定の党派的立場に大統領がコミットメントを与えることも意味していた。この傾向は二大政党のいずれにも見られるが、共和党において先行し、レーガン以降の大統領は自らが保守であることを強く主張するようになった。大統領が持つ威信には、初代大統領のワシントン以来、さまざまな政治的対立から超然としていることによって生じている部分があったが、特定の社会運動との結びつきはそれを損ねることにつながりかねない。つまり、アメリカ政治の全体的な構図の中での大統領の位置にも影響を与えるのである。

二　国際比較によるディレンマの定式化

(1) 大統領制の多様性

今日のアメリカ大統領制研究は、結局のところ大統領が現代大統領制のディレンマをいかに解くか、という点への関心を基礎としている。このディレンマとは、政策過程において持つ権限が依然として限定的であるにもかかわらず、広範な影響力行使が期待されることによって生じるギャップに、常に直面するところから生じる課題である。ニュースタッドが注目した説得という手法は、今日では大統領がディレンマに対して用いることができる方策の一つに過ぎないと考えられるようになり、高い専門能力を持つスタッフの活用、アジェンダ設定やレトリックを駆使した議会内での多数派形成、メディアを介した有権者への訴求など、さまざまな角度から大統領の影響力行使についての研究が進められている。*7

だが、政治学者の松本俊太が鮮やかに論じるように、大統領は人数が少なく、どうしても個別事例についての分析が中心になってしまうために、アメリカでの研究もなお十分に体系化されているとはいえない（松本　近刊）。別の言い方をすれば、アメリカの大統領にのみ注目していては、具体的な事例や大統領に固有の要因か、あるいは制度構造が一般的にもたらす要因か、いずれが重要なのかが分かりづらい。また、分割政府をめぐる議論に典型的に見られたように、分割政府の頻繁な発生と政党間関係の分極化という二つの構造的変化が同時並行で生じている場合には、時系列比較だけでは因果関係の把握が困難となる。これらの要因のために、アメリカ大統領制の特徴を把握することは難しいのである。結果的に、ここまでの本章で取り上げてきた個別研究は、部分的な分析としてはシャープでありながら、全体として見ればニュースタッドの議論を乗り越えられていない。

このような分析上の課題を克服し、アメリカ大統領制の研究を深化させるには、アメリカ一国を対象に時系列の比較を行うだけではなく、それ以外の大統領制諸国との比較から考えていく必要がある。そこで以下では、比較政治学における大統領制研究の知見から、アメリカ大統領制の制度的特徴を検討し、現代大統領制のディレンマをその中に位置づけることにしたい。

比較政治学の大統領制研究は、マシュー・シュガートらによる制度分析が一九九〇年代に始められて以降、それまでの議院内閣制との比較的素朴な対比から、その様相を一変させたといってよい（Shugart and Carey 1992; Mainwaring and Shugart 1997; Samuels and Shugart 2010; 建林＝曽我＝待鳥 二〇〇八）。その分析枠組みは、彼らが当初主な事例として取り上げていたラテンアメリカ諸国を離れ、アジア諸国や日本の地方政府についての研究にまで援用されるに至っている（曽我＝待鳥 二〇〇七、粕谷 二〇一〇、砂原 二〇一一、辻 二〇一五）。

表3・1　ラテンアメリカ諸国における大統領の政治的影響力の源泉

		所属政党（政権党）指導者としての権力			
		非常に弱い	やや弱い	やや強い	非常に強い
大統領の憲法上の権限	潜在的に優越（権限が非常に大きい）	チリ（89年憲法）	コロンビア（68年憲法）	アルゼンチン	
	能動的（権限が比較的大きい）	ブラジル（88年憲法）	コロンビア（91年憲法） ペルー		
	受動的（権限が比較的小さい）	ブラジル（46年憲法） チリ（25年憲法）	ボリヴィア	エルサルヴァドル ウルグアイ	ドミニカ共和国
	無視できる程度（権限がほとんどない）			コスタリカ パラグアイ（91年憲法） ヴェネズエラ	ホンジュラス メキシコ ニカラグア

（出典）Mainwaring and Shugart (1997: 432). 用語の説明を一部追加した。

今日の大統領制研究の基本的な特徴として、大統領と議会の関係を中心とした部門間の制度的関係から大統領制を理解しようとすること、議会側の選挙制度への注目から出発した政党分析が接合されていること、そして大統領の個性や歴史的要因には重きを置かないこと、という三つを挙げることができるだろう。とくに大切なのは、大統領の政治的影響力を個人名や属人的特徴からではなく、大統領制という制度（仕組み）から分析することである。

既に広く知られていることだが、シュガートらの分析枠組みは、大統領が行使しうる影響力の源泉を、憲法上の権限と所属政党（政権党）指導者としての権力の組み合わせとして把握する（Mainwaring and Shugart 1997; 辻 二〇〇五～〇六）。憲法上の権限とは、たとえば予算や法案の提案権や拒否権、大統領命令による議会を介在させない政策決定の余地などから構成される。所属政党指導者としての権力とは、結局のところは同じ政党の所属議員が大統領にどれだけ支えられるかというところにあり、議会選挙における公認候補決定に大統領がどれだけ関与できるか、大統領選挙と議会選挙がどの程度まで連動しているか、といった要素からなる。

大統領の憲法上の権限と所属政党指導者としての権力という二つの要因の組み合わせは、大統領と議会が別個に公選される大統領制においては、議院内閣制に比べて国ごとのばらつきが大きくなる。ラテンアメリカ諸国の場合、表3・1にあるように、憲法上の権限と所属政党指導者としての権力はトレードオフの関係にあって、ほとんどの場合に大統領はそのどちらか一方を影響力の実質的な源泉としている。アジア諸国でも、大統領制を採用している場合にはおおむね同じ傾向が存在することが、粕谷祐子を中心とした共同研究により確かめられている（粕谷　二〇一〇）。

（2）政党が果たす役割

シュガートらの研究が示しているのは、今日の大統領制が共通して直面する課題が、大統領が政策過程で果たす主導的役割に対して、議会が事実上の拒否権を行使するのをいかに抑止するかにある、ということである。本章の冒頭で挙げた、レーガン大統領の予算教書に対する議会側の反応こそ、まさに事実上の拒否権行使なのである。それを抑止するための有効な手段として世界の大統領制諸国で用いられているのは、一つは憲法上の大統領権限であり、もう一つは議会における政権党ないしは大統領支持派の存在である。

ここで憲法上の権限をいったん脇に置くと、議会内の政権党が多数の議席を占め、かつ十分なまとまり（一体性）を確保しているのであれば、大統領は提出した法案が議会で否決や修正を受けるという事態を回避することができる。しかし、政権党が議会多数派ではないか、あるいは多数派であったとしても党内の一体性がない場合には、大統領が提出する法案への支持は不安定なものとなり、否決や修正の可能性は強まることになる。大統領制の下で、政権党が議会多数派となりうるかどうか、また政党としての一体性をどの程度まで保ちうるかどうかは、選挙制度の影響を強く受けた「政党システム」と「政党内部組織」によって主に規定される（待鳥 二〇一五 a）。

政党システムとは、政党の数と勢力バランスによって形成される政党間関係の構造であると考えることができる。どのような政党システムであるかは「有効政党数」という指標によって測定するのが最も簡便である。有効政党数は、議院内閣制か大統領制かという執政制度の選択とは相関が乏しく、基本的に比例性の高い選挙制度（比例代表制、混合比例制、大選挙区制など）であるほど大きくなることが知られている。そして、有効政党数の大きい政党システムにおいては、一人の大統領候補を多数の政党が共同で支持しない限り、政権党は議会多数派たりえない。ただし、これを言い換えれば、大統領の所属政党の勢力に直接関係なく、議会選挙の結果とは別に複数の政党からなる大統領支持派を形成することができれば、多数派が確保できる可能性がある。有効政党数が小さい政党システムの場合には、政権政党が議会多数派になるかどうかは完全に議会選挙の結果に依存する。いずれにしても、分割政府の下での議会からの拒否権行使について考える場合には、二大政党制など有効政党数の小さい政党システムか、あるいは有効政党数が大きい政党システムなのかを、概念的に区別しておくべきであろうと考えられる。

政党内部組織とは、ある一つの政党がその内部において、どの程度まで執行部主導の運営がなされているか、またどの程度まで一体となって行動するかを規定する構造的要因を指す。政党を構成する政治家（議員）がまとまって行動するとき、執行部がそれを一般議員に強制して生まれる「規律」による場合と、一般議員の選好が一致するために生じる「凝集性」による場合がありうる。これらのうち、凝集性はその政党の支持集団や有権者の動向に強く依存しているが、規律は執行部が一般議員の政治家としての生き残りにどれだけ影響しうるかによって変化する。すなわち、選挙の際の公認の重要性、公認権の所在、さらには政治資金に占める政党ルートの重要性などにより、執行部の影響力は異なってくる。小選挙区制のように大政党の公認候補が有利であり、かつ各選挙区の候補者選出権限が党執行部に残されている場合には、一般議員への規律は最も強まる。逆に、大選挙区制の下で無所属当選や小政党からの当選が相対的に容易であるときや、予備選挙制度の導入などによって公認権が地方組織に与えられている場合には、一般議員は党執行部の要求を受け入れる必要が乏しくなり、規律は弱まる。

（3）分割政府であることの意味

ここまでの議論から、二つのことが明らかになった。一つは、今日では議会による実質的な拒否権行使を大統領がどのように抑止するかが部門間関係の鍵となることである。もう一つは、議会による拒否権行使を抑止するために重要な意味を持つ議会での政権党のあり方には、政党システムと政党内部組織の双方が影響することである。政党システムの影響とは、有効政党数の大小によって大統領支持派が議会選挙以外の方法で形成される可能性が変わることを意味している。政党内部組織の影響とは、公認権の意味や所在、政治資金の流れなどにより、その政党に所属する議員が一体性を保ちうるかどうかが変化することを指す。

表3・2にはこれらをまとめ、政策過程における部門間対立の深刻さと組み合わせて示した。部門間対立と政党間対立が重なり合いやすいのは、分割政府の場合である。しかし、分割政府のもたらす影響は、政党のあり方によって大きく異なる。表3・2を構成する要素のうち、政党

表3・2　今日の大統領制における分割政府の多様性

<table>
<tr><td colspan="2" rowspan="2"></td><td colspan="2">政党システム</td></tr>
<tr><td>有効政党数小さい
（二大政党制など）</td><td>有効政党数大きい
（多党制）</td></tr>
<tr><td rowspan="3">政党内部組織</td><td>規律による一体性</td><td>議会と大統領は、極めて対立しやすく、長引きやすい</td><td>議会と大統領は、対立しやすく、長引きやすい</td></tr>
<tr><td>凝集性による一体性</td><td>議会と大統領は、対立しやすいが、長引きにくい
（1980年代以降のアメリカ）</td><td>議会と大統領は、対立しにくく、長引きにくい</td></tr>
<tr><td>一体性が弱い</td><td>議会と大統領は、対立しにくく、長引きにくい
（1970年代以前のアメリカ）</td><td>議会と大統領は、極めて対立しにくく、長引きにくい</td></tr>
</table>

（出典）筆者作成。

システムが多党制に近づく、すなわち有効政党数が多い方が分割政府下での対立が相対的に生じにくく、かつ短期で収束する可能性が高いことは、容易に理解されうるであろう。非政権党の中に政権に対して是々非々で臨む中間的な政党が存在する場合、こうした政党の一時的な協力を取り付けられる可能性が高くなるために、対立は事前に回避されることが多くなり、生じたとしても深刻化しにくい。逆に、有効政党数が少ない場合にはこのようなアドホックな協力は期待できないため、対立が生じやすくなる。

いったん生じた対立がどの程度まで持続するかに大きな影響を与える要素が、政党内部組織のあり方である。党執行部からの規律によって一体性が確保されている場合、有効政党数が少なく、非政権党の執行部が政権との対決姿勢を強めやすいのであれば、対立は先鋭化して長引くであろう。非政権党執行部は所属議員に党としての評判という集合財を供給せねばならない分だけ、一度取った対決姿勢を解消しにくい。[*8] これに対して、凝集性による一体性のみが存在する場合や、そもそも一体性が弱い場合には、政権側が個々の議員を説得することによって支持を調達できる。そのため、二大政党制などの政党システムが存在していたとしても、議会と政権の間の対立という点では、有効政党数が大きい多党制の場合と似通った、長くは続かないものに終わる可能性が高まる。

したがって、分割政府の多様性を政党システムおよび政党内部組織から予測するならば、次のように考えることができる。有効政党数が小さい政党システムであり、かつ内部組織の一体性が規律によって調達されている場合に、非政権党は最も強くかつ長期にわたって政権側との対決姿勢を取る。有効政党数が大きい政党システムであり、かつ内部組織の一体性が弱い場合には、議会と政権の対決は最も生じにくく、仮に生じても長続きしにくい。その他は中間形態となるが、有効政党数が増加するほど、また政党内部組織の一体性が弱まるほど、激しい対立は避けられる。

なお、表3・2に基づいて議論を進めるときには、二つの点に注意が必要である。一つは、この表において政党システムと政党内部組織から分割政府下での部門間対立の程度を分類する場合に、大統領と議会、および議会の上院と下院の間に存在する権限関係の多様性については考慮に入れていない点である。既に述べたように、二〇世紀以降には大統領の権限を強めて議会には事実上の拒否権のみを与える「大統領制の現代化」が進んだ。このため、個別具体的な政策内容を含めて大統領がさまざまな提案を行い、それに対して議会がどのように反応するかという観点から分類することは、一定の意義を有すると考えられる。とはいえ、実際には大統領の権限や上院の権限は各国ごとに異なっており、広範なヴァリエーションが存在する。部門間や議会両院間の権限関係の異同を捨象しているために、この表のみから分割政府が政策過程に与える影響を完全に予測できるわけではない。

もう一つ注意すべき点としては、分割政府の下での部門間対立の生じやすさが異なることは、統一政府の場合における政策過程の円滑さにも差があることを意味している。すなわち、分割政府の場合に部門間対立が生じやすいほど、統一政府になると円滑で迅速な政策決定がなされる可能性は高まる。このように考えれば、分割政府になったときに部門間対立がどの程度生じやすいかという観点のみからは、その大統領制が総体として政策過程をどのように運営できるかまでは判断することができない。規律による一体性が保たれた二大政党制において統一政府が実現すれば、大統領と議会の権限関係から生じる対立の可能性は残るものの、恐らくはウェストミンスター型議院内閣制に近似した政策過程が展開され、首相のような大統領が登場することになるであろう。ウェストミンスター型議院内閣制とは、イギリスなどで続いてきた、二大政党制の下で議会下院の過半数を獲得した政党が単独で政権を形成し、それを支えるタイプの議院内閣制である。この場合には、議会における内閣提出法案の修正などは例外的にしか起こらない。

これらには留意せねばならないが、表3・2からさしあたり、現代化した大統領制の下で議会からの拒絶的な応答が生じる可能性が、どのような政党システムと政党内部組織の場合にとくに高いと考えられるのか、比較政治学の知見を用いて大まかな見取り図は得ることができた。その中に、現代アメリカの大統領制はどのように位置づけることができるのだろうか。節を改めて、この点を論じていくことにしよう。

三　アメリカ大統領制をどう特徴づけるか

(1)　政党システムと政党内部組織

アメリカの政党システムが長らく二大政党制であることは、よく知られている。第三政党の挑戦が二大政党の一角を切り崩すという現象も、一八五〇年代の共和党以来起こっていない。政党システムとしての安定性は高いといえよう。

その背景には、大統領という独任ポストを全国で争うことや、連邦議会選挙での小選挙区制採用など、二大政党に有利な選挙制度が存在する。小選挙区制は第三政党以下の小政党を排除してしまう効果を強く持つ。加えてアメリカの場合、第三政党は、特定の地域や都市で一時的に勢力を獲得することができても、全米規模で議会選挙に有力候補者を立てて戦うだけの資金を確保できず、また大統領選挙の候補者討論会などからも排除されてしまうため、主要政党となるのは困難である。一九世紀後半以降、ポピュリスト党や革新党など一時的に注目された政治勢力は存在したが、すべて最終的には二大政党のいずれかに合流するか、あるいは実質的に消滅してしまっている。この点に不満を抱く人々は常に存在してきたが、二大政党が新しい政治勢力を柔軟に吸収する組織だったことの帰結でもある。

そこで政党内部組織に目を向けると、アメリカの二大政党の最大の特徴は、規律が弱いことであった。政党規律とは、党執行部が所属議員や党員に対して、どの程度まで政策上の方針を強制できるかによって決まるものである。しばしば指摘される、党大会が大統領候補者の指名に際してしか行われないことや、綱領が存在しないこと自体は、規律に対して決定的な影響があるわけではない。党大会において綱領に従って毎年の活動方針を決定し、それを議員から末端の党員まで遵守するというのは、二〇世紀の左派政党に多く見られた、いわゆる大衆政党の組織形態である。しかし、政党規律はそのような方法のみによって確保されるわけではない。綱領や党大会の決定は、執行部に影響力行使のための資源を与える一つの方法に過ぎず、むしろ重要な役割を果たしていないことの方が多い。[*9] 既に述べたように、とりわけ所属議員に党としての方針を強制するためには、公認権や人事権、あるいは政治資金の供給権をいかに行使できるかが、党執行部にとって大きな意味を持つ。

その観点からアメリカの政党内部組織の特徴を考えてみると、連邦議会選挙での公認権が党執行部になく地方組織にあること、委員長ポストの配分などの人事は議員総会の意向に従わざるを得ない場面が多いこと、そして政治資金に関しては議員（候補者）個人が政治活動委員会（ＰＡＣ、政治献金を行うことを実質的な目的とする団体）などを介して確保する部分が大きいことに、注目せねばならない。これらの要因はいずれも、議員が所属政党執行部の意向に従う必要性を著しく低下させ、むしろ選挙区の党活動家の意向を重視した行動をとる強い誘因となる。独立革命期以来形成され、大統領制を採用することによってさらに強められた、議員は国民代表であるというよりも地域代表や個別利益代表であるという代表観も、執行部による方針の強制を困難にする方向で作用する（待鳥　二〇〇九ａ）。そしてまた、新しい政治勢力を柔軟に取り込んでいく上でも、政策的な規律の弱さはむしろ有利だったのである。

（2）最近の特徴としての「凝集性による一体化」

近年のアメリカの二大政党に見られる顕著な変化は、連邦議会の立法過程において政党を単位

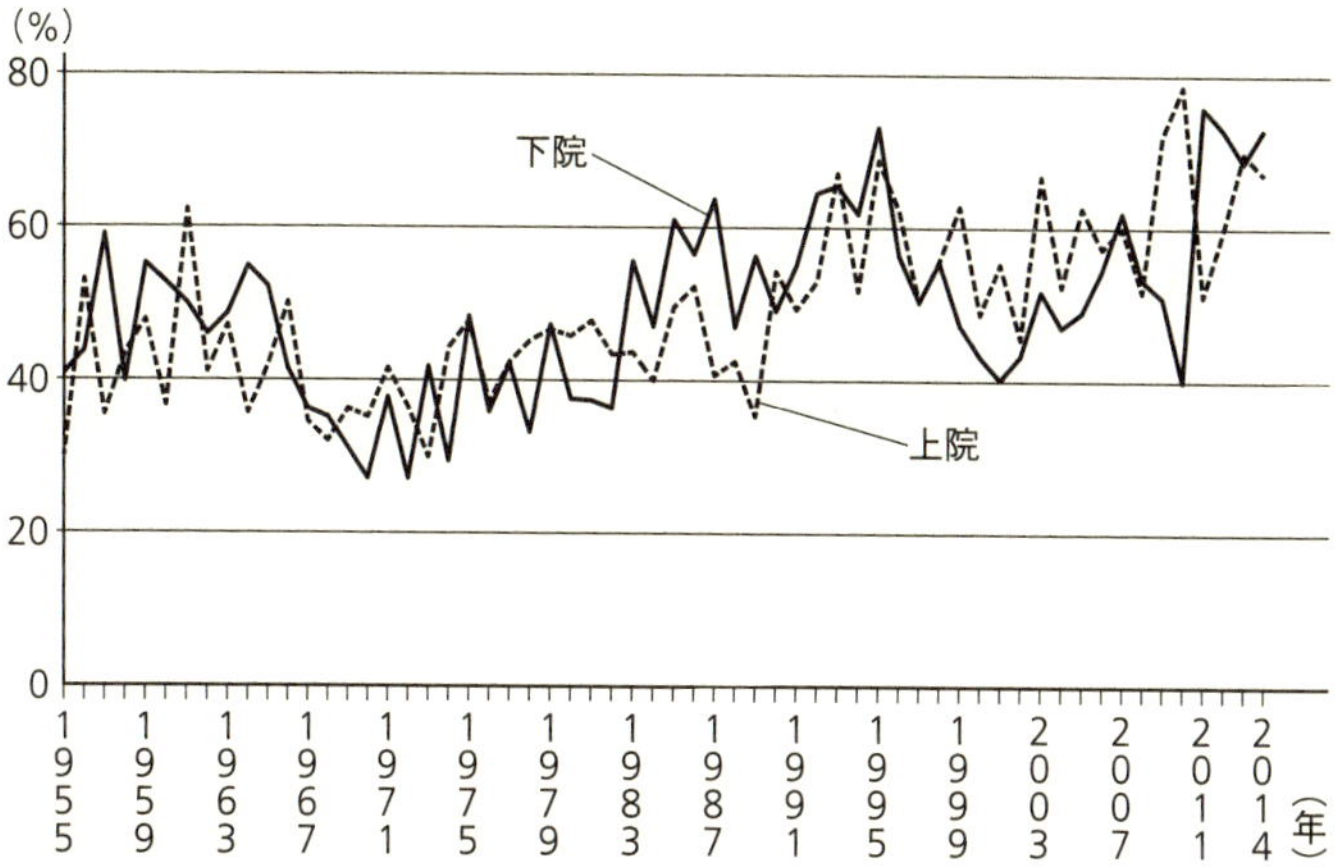

図3・1　連邦議会における政党投票比率の変化　1955–2014年

（出典）Stanley and Niemi (2015: table 5–9) より筆者作成。ただし、出典の数値の誤りは修正した。

とした行動が目立つようになっていることである。これは、ときに「条件付き政党政府」の成立と呼ばれる（Rohde 1991）。「政党政府」とは、政党を単位にした政策決定がなされる状態にある、という程度の意味である。確かに、政党システムとして二大政党制であるという点では変化がないが、一九七〇年代までは二大政党の所属議員の間に頻繁に見られた交差投票は減少し、八〇年代から所属政党の方針に同調する議員が増大している。アメリカの政党は、以前に比べて一体性を高め、まとまりが良くなっているのである。

そのことは、連邦議会の本会議点呼投票における政党投票比率と、政党投票における党内一致度を示した図3・1と図3・2にも明確に表れている。政党投票とは、連邦議会においてある採決が行われる場合に、民主党の過半数の議員と共和党

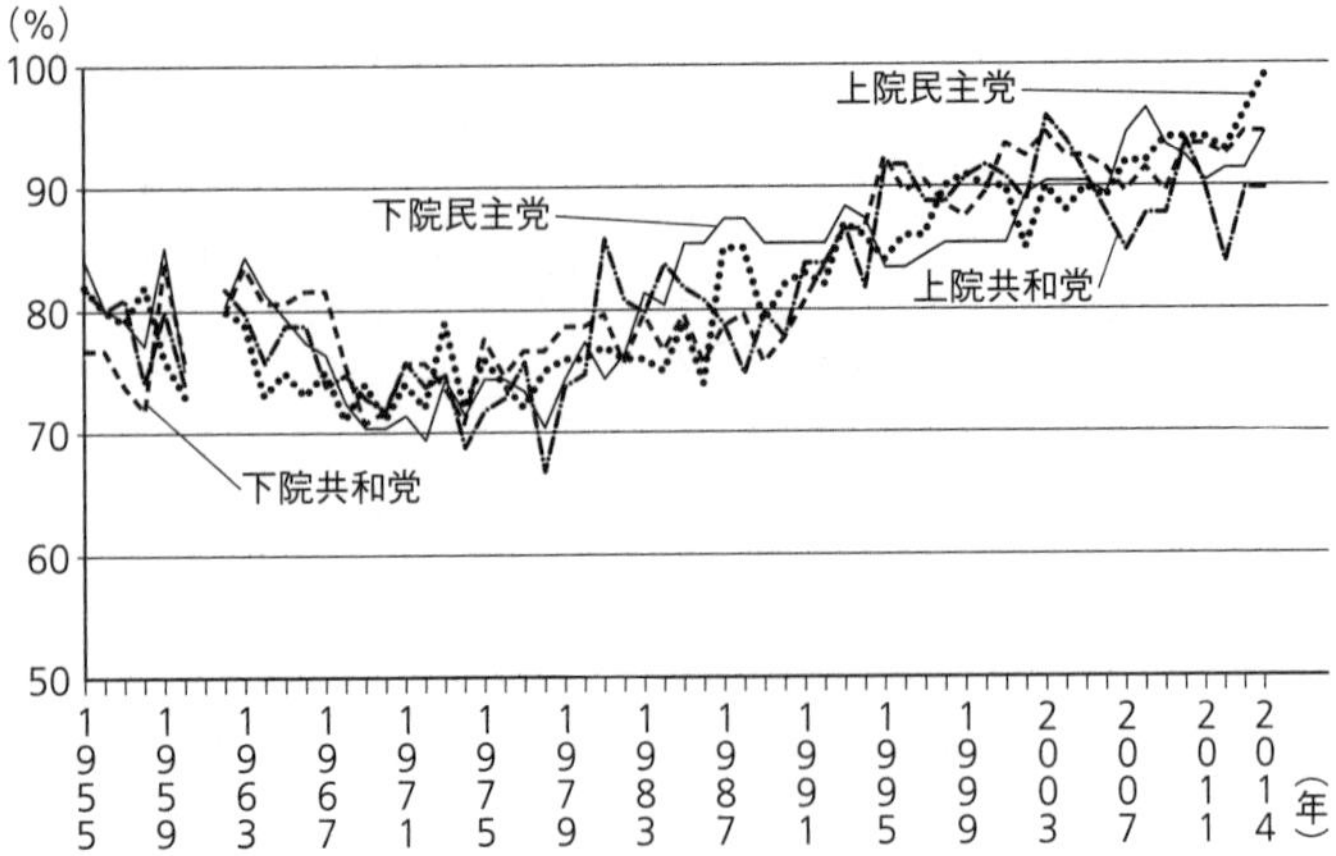

図3・2　連邦議会における党内一致度の変化　1955–2014年

(註) 1961年のデータは典拠資料において欠損値となっている。

(出典) Stanley and Niemi (2015: table 5–10) より筆者作成。

の過半数の議員が異なった投票を行うものをいう。党内一致度とは、政党投票がなされる場合に、二大政党内部でどれだけの割合の議員が党内多数派を構成しているかを示す数値である。

では「条件付き」とは何を指すのだろうか。「条件」とは、政党政府を成り立たせている要因を意味している。日本を含め、多くの議院内閣制諸国や一部の大統領制諸国では、議会での採決前に政党は党議拘束をかけ、造反を許さないのが通例である。この場合、政党に所属する個々の議員の政策上の立場が違っていても、党として決めたことには従うというルールが党内に存在する。それは典型的な規律による一体性確保である。しかし、アメリカの政党には依然として、党議拘束やそれに準じるルールはほとんど存在しない。

今日のアメリカの政党に存在するまとまりは、規律ではなく凝集性による一体化、すなわち政策面で同じようなことを考えている議員が増えたことによって生じている。つまり、政策上の立場が近似している限りは、という「条件」が付されたまとまりの良さ、政党政府なのである。だとすれば、なぜ同じ政党に所属する議員の政策上の立場は似てきたのかを考える必要がある。

凝集性の高まりの背景には、民主党と共和党それぞれが、全く異なった支持者層に依存するようになったことがある。とりわけ議員が最も頼りとする選挙区の活動家（政策的関心の強い、熱心な党員）や利益集団レヴェルでは、民主党と共和党の相違はかつてなく大きくなっている。政党間関係の分極化とは、各政党の内部組織の問題として見れば、このような現象である。

具体的に生じたのは、次のような動きであった。一九七〇年代以降、民主党はヴェトナム反戦運動や公民権運動など六〇年代に高揚した社会運動を支えた人材が流入することによって、共和党はこれに対抗して形成された保守系シンクタンクや宗教右派の影響が強まることなどによって、それぞれイデオロギー的な純化傾向を強めた。それとは逆に、かつてはそれに歯止めをかける存在であった、南部民主党の保守派や北東部共和党の中道派は勢力を弱めた。議員たちは、党執行部の方針に従ったというよりも、これら活動家や支持集団の変容への応答として、八〇年頃から党内での凝集性を高めていった。

そして、近年になって注目される現象は、八〇年代には既に存在していた凝集性の高まりを規律へと変化させようとする動きである。具体的には、一九九四年中間選挙において共和党がギングリッチらの執行部主導により『アメリカとの契約（Contract with America）』を綱領的文書として掲げたことや、政治資金の流れにおいて政党執行部の意向を反映させやすいソフトマネーやスーパーPAC、リーダーシップPACの意味が大きくなったことが、典型例として挙げられる[*10]。連邦議会内部で政党ごとにまとまった投票を行うケースが増えていることもあり、今日では政党がアメリカ政治の主役になった印象すらある。

　もっとも、これらの変化がどのくらい続くのかはまだ分からない。確かに、変化の結果として最終的には凝集性が規律に転じる可能性がないとまでは言い切れない。そうなれば、アメリカの政党はヨーロッパや日本の政党に近づいていくであろう。しかし、『アメリカとの契約』のような文書がそれ以後常に作成されているわけではないことから分かるように、現時点においてはなお、執行部主導の党運営はなお例外的であると見なすべきであろう。アメリカの政党の規律の弱さには、先にふれたような代表観や公認権の所在などの制度的根拠があり、新しい政治勢力の取り込みにも有効で長く継続している以上、容易には変化しない。

　詳しくは終章である第六章で述べるが、執行部主導の規律ではないからこそ、単一争点やそれに近い限定的な課題にのみ関心を持つ党員の影響力が過剰に増幅され、新たな課題を生み出しているともいえる。その意味では、むしろ既にその兆しがあるのは、活動家が選挙地盤の弱い若手議員を通じて、突き上げるように作り出す「ボトムアップによる規律」かもしれない。

(3) 本書の立場

アメリカ大統領制を、ここまで述べてきた国際比較に基づく分析枠組みに位置づけるとき、その特異性は明らかである。すなわち、アメリカの大統領は憲法上の権限と所属政党指導者としての権力のいずれについても、限定的にしか有していない。

合衆国憲法において「多数者の専制」が生じないように権力分立を導入した経緯から、大統領の具体的な役割は連邦議会の暴走を抑止することに求められた。予算と法案のいずれについても提案権を持たず、連邦議会を通過した法案に対しては全体を拒否する権限しか持たない。拒否権を行使した場合にも、稀にではあるが議会によってオーヴァーライドがなされる恐れもある。大統領行政命令によって一時的に立法機能を代替することも不可能である。その一方で、近年になって変化の兆しが見られるとはいえ、政党の中央組織が実質的な機能に乏しく、大統領は中央組織に関与してもいないというアメリカの政党組織から、所属政党指導者としての権力行使もほとんど不可能である。比較政治学の観点からは、大統領が影響力を行使しにくいことが、アメリカ大統領制の基本的特徴というべきなのである。

もちろん、前章において現代大統領制の出現として見たように、他の大統領制諸国に見られた大統領の政治的影響力の拡大は、アメリカの場合にも生じている。まず制度面について考えよう。予算は予算教書という形で議会に提示しており、レーガン政権期など無視されているように見えるときでさえ、実質的には大きな意味を持っているとされる。予算教書は大統領府のスタッフ機構の一つである行政管理予算局が作成しており、その策定作業は緻密で、議院内閣制諸国における政府予算案に近い。[*11] そのため、連邦議会は政治的には黙殺できても、実務上は予算教書の内容や数値を参照しているとされる。法案も所属政党の執行部に依頼すれば代わりに提出してもらえるのであり、大統領が明確に関与している法案は通常法案よりもはるかに恵まれた扱いを受ける。オバマが分割政府対策として活用を示唆し、近年注目を集めているように、大統領行政命令の持つ意味も無視できない（Mayer 1999; 梅川 二〇一六）。

所属政党指導者としても、大統領選挙と議会選挙の結果に連動がないわけではない。人気のある大統領の当選を追い風にして議会選挙を勝ち抜く議員は昔からいた。こうした議員が生まれることについて、大統領のフロックコートの裾にぶら下がっている存在という揶揄を込めて「コートテイル効果」という言葉が古くから存在するほどである。国家元首としての地位やメディアでの注目度の高さなどから、多くの政権党議員は大統領との関係が自らの当落に何の影響も与えないとは考えていないであろう。現代アメリカ政治を考える上で、大統領の影響力を無視することはできない。

それでもなお、憲法の規定によって制約を受けるアメリカ大統領の影響力には、大きな制度的限界があると見なければならない。予算編成権を持つ連邦議会は、大統領から提示された予算教書をどの程度活用するかは任意に判断できるのであり、大統領の関与した法案についても成立させる義務は全く負っておらず、修正範囲についても任意に決めることができる。大統領行政命令や成立時署名の積極的な利用には憲法上の疑義がつきまとい、最近では政党間対立とも相まって、オバマによる大統領行政命令の活用に対して弾劾手続きを行うべきだという意見さえ出てきている。[*12] このことは、一九七〇年代初頭にニクソンが駆使した歳出予算の執行留保が、憲法上の疑義を伴って大きな政治問題となったことを思い起こさせる。歳出予算とは連邦議会が法律として可決し成立させるもので、平時にその執行を留保するのは、合衆国憲法が議会に与える権限の大幅な骨抜きを意味していたからである。

政権党リーダーとしての影響力も、依然として大きいとはいえない。公認候補の選定が各政党の選挙区組織で行われ、政治資金の流れも依然として候補者個々人を中心としている以上、所属政党の議員に対して行使できる影響力はなお限定的である。またそもそも、所属議員に対して影響力を行使できたとしても、それは当然ながら非政権党には及ばない。現在のように議会内政党の一体性が強まると、大統領の影響力行使がなくとも政権党所属議員の大多数は大統領と政策課題を共有しており、むしろ政党間対立に打つ手がないことが大統領の困難を強めている。

アメリカで実際に生じてきた現代大統領制のディレンマへの対応策は、大統領の影響力行使に対する制度的限界を、非制度的な手法で乗り越える、ないしは迂回《うかい》しようとする試みであった。憲法上の権限も所属政党指導者としての権力も拡大できない以上、アメリカの大統領はこれらに依拠しない方法で影響力を強めるしかない。大統領府スタッフなど政治任用ポストの活用やメディアの積極的利用は、二〇世紀前半に大統領の影響力を拡大する必要に直面した時期に、これらについてアメリカ大統領が相対的に豊富な政治的資源を持っていたことの帰結といえよう。

前章でも見たように、ニューディール期に連邦最高裁判所が憲法解釈を大きく変更したことは、しばしば「憲法革命」といわれる。[*13] それは間違いなく実質的意味の憲法改正であった。憲法典の明文改正を行わなかったのは、各州での批准を要するなど、手続きと時間の両面でハードルが高かったため、ニューディール期のような緊急時にはいわゆる解釈改憲や判例変更に頼れば事足りたからに過ぎない（阿川　二〇一六）。連邦議会もまた、大統領の実質的な役割拡大について受け入れ続けた。

しかし、アメリカの大統領制あるいは政治制度を中長期的な視点で見たとき、憲法典の明文規定を変化させなかったことが、非制度的で安定性を欠く手法での政治過程の変容へと導いたと考えるべきなのかもしれない。このことは、リベラル・コンセンサスが崩壊した一九七〇年代以降については、とりわけ当てはまる。憲法典に明確な根拠のない大統領の影響力拡大は、連邦議会や最高裁にそれを容認するつもりがあれば問題を生み出さないが、近年の分割政府の場合のように、容認するつもりがなければ対立の火種となりうるのである。

第四章と第五章では、本章で検討してきた現代大統領制のディレンマの下で、アメリカの大統領がどのようにして自らの政策課題を推進しようとしているのか、そしてそれがどの程度まで成功しているのかを、データや具体例から検討する。本章の議論は理論的な検討が中心だったため、やや抽象的で分かりづらかったかもしれない。しかし、改めて確認されたのは、合衆国憲法が与えた制約は大統領にとって依然大きく、政権党リーダーとしての影響力にも重大な限界があるために、自らが望むような政策決定ができる状態はそれ自体が例外的であるということであった。そのような例外的状態が出現したり、変化したりするのは、戦時のような特殊な場合を除けば、大統領と連邦議会との関係が大きく変わる局面にほぼ限られるであろう。具体的にいえば、政権交代直後の時期や連邦議会の多数党が変化した直後の時期である。前者は第四章で、後者は第五章でそれぞれ扱う。

＊　本章は、これまでに公表した拙稿（待鳥　二〇〇九ｂ、二〇一五ｃ）が原型だが、大幅に改稿するとともに、図で使用したデータについても更新している。

註

＊1　本書では代表的と思われる一部著作しか取り上げられていないが、大統領と議会その他のアクターとの関係についての従来の研究の検討については、松本（近刊）が邦語では最も包括的であり、優れている。

＊2　グッドウィン（二〇一三）は、*Team of Rivals* という原題の通り、エイブラハム・リンカーン政権におけるポスト配分とその効果を、巧みな筆致で描き出している。

＊3　州際通商条項（interstate commerce clause）とは、合衆国憲法第一条八節三項にある「外国との通商及び州際間の通商、及びインディアン部族との通商を規制すること」を連邦議会の権限とする条項である（憲法訳文は、松井〔二〇一二〕にしたがった）。この条項はもちろん、第一章で扱った連合規約における不備を意識して置かれたものだが、「州際（interstate）」とは何であり、「通商（commerce）」とは何を指すのかについて、長らく憲法上の争点とされてきた。ニューディール期において連邦最高裁は、「州際」と「通商」の解釈を変更し、大幅に拡大して、たとえばある州内のみで経済活動を行う企業の工場操業などについても、連邦議会（連邦政府）の規制が及ぶと判示した。さらに一九六〇年代までの間に、ある州内でだけ営業している宿泊施設や交通機関であっても、人種差別を行うと複数の州にまたがる経済活動を萎縮させるので憲法上許されない、といった判決にもつながっていった。この新しい解釈は、本来は州政府による人種差別禁止を意図していながら、長らく経済的自由を擁護する機能を果たしていた憲法修正一四条（デュープロセス条項）の解釈変更と並んで、ニューディール立法に憲法上の根拠を

与えることになった。詳しくは、木南（一九九五）を参照。

＊4　なお、部門間関係と政党間関係を組み合わせながら大統領の影響力を分析しようとする近年の精緻な理論モデルの例として、ここではデイヴィッド・エプステインらが提唱する「条件付き大統領リーダーシップ」論を挙げておきたい（Epstein, Kristensen, and O'Halloran 2007）。彼らは、連邦議会における政策決定に関して発展してきたピヴォット・モデルを拡張し、大統領の影響力をモデル化した。ピヴォット・モデルとはかつてキース・クレーブルが提唱したもので、立法に必要な多数派形成の鍵を握る政策位置にいるアクターをピヴォット（中心的投票者）と呼び、議事妨害や拒否権行使といった政策変化を阻止する行動が、現状や各アクターの理想点からどれだけ離れた位置で立法が行われようとする場合に生じるかを示した空間モデルである。このモデルにより、大統領による政策変更拒否を引き起こす政策位置と、上下両院の中央値に当たる政策位置の関係によって、政策過程が行き詰まるグリッドロック区間が定まる。条件付き大統領リーダーシップ論は、グリッドロック区間の大小と統一政府か分割政府かの区分を組み合わせて、表3・3を提示した。

表3・3　条件付き大統領リーダーシップ

		大統領・議会関係	
		統一政府（政権党と議会両院多数党が同じ）	分割政府（政権党が議会の少なくとも一院で少数党）
政策過程の行き詰まりの程度（グリッドロック区間の大小）	低い（小さい）	高い生産性（法案は成立しやすい）曖昧な委任（大統領の裁量が大きい）	曖昧な生産性（法案の成立のしやすさは中程度）狭い範囲の委任（大統領の裁量は小さい）
	高い（大きい）	曖昧な生産性（法案の成立のしやすさは中程度）広い範囲の委任（大統領の裁量は大きい）	低い生産性（法案は成立しにくい）曖昧な委任（大統領の裁量は中程度）

（出典）Epstein, Kristensen, and O'Halloran (2008: 99). 用語の説明を一部追加した。

＊5　三角戦略については、砂田（二〇〇四）、待鳥（二〇〇九ａ）を参照。ビル・クリントンの政権運営の全体像については、西川（二〇一六）が有益である。より長期的なアメリカの政治的伝統から近年の大統領と政党の関係変化を論じるものとして、Milkis (2010).

＊6　もちろん、大統領と世論の相互作用という観点からは、既に存在する「趨勢」に大統領が与する、という可能性も十分にありうる。その点を重視する議論として、Edwards III (2009).

＊7　現代大統領制のディレンマを逆に見ると、連邦議会も権限と役割期待の間のギャップに直面しているということである。連邦議会の直面するギャップについては、待鳥（二〇〇九ａ）参照。

＊8　理論上、政党（とくにその執行部）が一般有権者に抱かれる好意的な評価や印象について、所属議員であれば誰でもそれを利用できるという意味で、経済学にいう集合材と見なすことがある。なお、この点において議院内閣制における野党とは少し異なる。議院内閣制で有効政党数が少ない場合の野党は、政権担当能力を常に問われるために、執行部主導での対決姿勢を長期にわたって継続することは「反対ばかりの党」という有権者にイメージを抱かれてしまうことになり、得策ではないのである。第五章で見るように、政策決定に対する役割が大統領制諸国の中では大きいアメリカ連邦議会の場合にも、多数党執行部には似た誘因が作用しうる。

＊9　かつて日本の主要政党はすべて憲法改正を綱領に掲げながら、憲法論議を封印し続けていると揶揄されたが、綱領が規律確保の弱い一手段に過ぎない以上、理解困難なことではない。

＊10　ソフトマネーは、政党が集めて使うなど、候補者個人の政治資金を主対象とする規正をすり抜ける性質を持った資金で、二〇〇〇年代初頭に大幅に制限された。しかし、候補者と直接関係を持たないという形を取って実質的支援を行うスーパーＰＡＣ、政党幹部が関与するリーダーシップＰＡＣなどの代替的な方法によって、政党や候補者よりも政党幹部と結びついた団体が政治資金の流れに関与する動きは

続いている。

＊11　かつてアーロン・ウィルダフスキーが研究を行い、日本でもその著書が翻訳されて知られているのは、ここで述べている行政管理予算局（当時は予算局）が中心となった大統領予算の編成作業であった。ウィルダフスキー（一九七二）を参照。

＊12　この問題に関しては、たとえば次の政治コラムを参照。最終アクセスは二〇一六年七月一〇日。Ross Douthat, "Obama's Impeachment Game." *New York Times Sunday Review*, August 2, 2014. http://www.nytimes.com/2014/08/03/opinion/sunday/ross-douthat-obamas-impeachment-game.html?_r=0

＊13　ただし、伊藤（二〇〇六）が明らかにするように、それは法理論の漸進的展開と見るべきだとする見解も存在する。他の政府諸部門における制度発展との整合性は、この見解による方が大きいかもしれない。岡山（二〇一六）は、最高裁の判例変更に至る過程を政権側からの圧力による全面的な転換と見なすことについて、経験分析としては支持しがたい面があることを論じている。

第四章
新大統領に何ができるか

二〇〇九年九月三日、その数日前の総選挙で圧勝し、政権獲得を目前にしていた民主党の代表・鳩山由紀夫は、駐日アメリカ大使だったジョン・ルースを民主党本部に迎えて会談を行った。会談は友好的な雰囲気で進められ、ルースからは民主党の勝利に対する祝意が述べられた。それに対して鳩山は、かつての民主党ウェブサイトにある要旨によれば、「今回の総選挙での勝利について、米国においてオバマ大統領が変革と希望を掲げ政権交代を成し遂げたことが大きな要因になったとの見方を示し」たという。*1

鳩山がどの程度アメリカ政治についての知識を持っていたのかは分からないが、この発言は決して奇異なものではない。むしろ、大統領が代われば政治も変わり、それは国際的にも影響を与えるという、アメリカの政権交代、すなわち前政権とは異なる政党からの新大統領の就任に対する、日本からの平均的な見方がよく表れているように思われる。そして、世界中の多くの人々にとっても、アメリカの政権交代は大きな変化として受け止められるのが通例である。ジョン・F・ケネディやバラク・オバマが与えた清新な印象と、それに対する熱い期待を思い起こせば、そのことは容易に理解できよう。

だが、このような見方は妥当なのだろうか。政権交代が起きるとき、アメリカ政治に何が生じているのだろうか。新たに就任した大統領は、本当に政策転換を成し遂げられているのだろうか。これらが本章の基本的な問いである。問いに答えるため、本章では、新政権の発足後一年間に大統領が連邦議会からどれだけの支持を集め、自らの意向を反映した法案を成立させてきたか、すなわち立法面での成功について把握を試みる。

具体的には、次の二つの作業を行う。一つはデータ分析であり、カーターからオバマまでの各政権を対象に、大統領が賛否を表明した採決において連邦議会ではどれだけの議員が同じ態度を取ったのかを集計したデータを用いて、政権初期に大統領のイニシアティヴが議会にどれだけ受け入れられてきたかを明らかにしたい。その上で、何がこれらの指標の動きを規定するのか、つまり大統領のリーダーシップを左右する要因について、先行研究において指摘されてきた諸要因の効果を検討することにしよう。もう一つは質的分析であり、とりわけ大統領の持つ変革志向がどのような場合に受け入れられるのかについて、事例の叙述を通じて確認していくことにしたい。

一　新政権と立法過程

(1) 政権交代は何をもたらすか

前章までに論じたように、アメリカの大統領が今日直面している最大の課題は現代大統領制のディレンマである。一八世紀末に制定された合衆国憲法は、連邦政府が担う役割を限定した上で、政府の内部では連邦議会が政策決定を主導し、大統領には連邦裁判所と同様に議会の行き過ぎや不作為を止めることを期待した。アメリカは大統領制といわれ、それはもちろん誤りではないが、憲法が当初想定した政治のあり方は議会中心であった。イギリス国制や邦憲法から政治的伝統を継承した以上、当然のことであっただろう。

ところが、二〇世紀に入るところの基本構造は変容を余儀なくされる。国内外で連邦政府が担うべき役割は著しく拡大し、かつ複雑化した。それに対処できるのは、官僚や補佐官を駆使して政策立案を行える大統領をおいて他になかったし、大統領への期待も大きく高まった。だが、ニューディール期にも憲法典の改正（修正）はなされず、政治制度上の大統領権限は明示的に拡大されなかったので、ここに期待と権限の間の大きなギャップが潜在的に生じたのである。

大統領にとって、期待と権限のギャップを埋め、ディレンマを顕在化させない最も安定的な方法は、連邦議会との関係を安定させることである。議会は、大統領とは別のディレンマを抱える。すなわち、合衆国憲法の規定からは政策過程において中心的役割が期待されているにもかかわらず、独立革命期からの伝統的な代表観や候補者選出方法などの帰結として個々の議員の自律性が高く、かつ選挙区や支持者集団など選出基盤の個別的利益を代表しようとする傾向を持つ（待鳥二〇〇九a）。連邦議会は、大統領とは別の、期待と権限のギャップに由来するディレンマに直面しているのである。議会にとって、このディレンマを解く鍵の一つは、大統領との間に協調関係を築くことであった。大統領が連邦議会にとって受け入れられる政策を、議会よりも合理的に追求してくれるのであれば、大統領に政策決定に関する多くを委ねることで、議会はディレンマから解放されることになる。

かくして、政策の基本的方向性ないし総論を大統領が打ち出し、議会は各論に当たる細部の箇所づけを担うという分業ができれば、現代大統領制の下でのアメリカ政治は円滑に進むことになる。フランクリン・ローズヴェルトが大統領に就任した一九三〇年代のニューディール期から、リンドン・ジョンソン政権が終わる六〇年代末までの時期に見られたのは、このような政策過程のあり方だった。大統領が中心となり、社会経済的課題に連邦政府が積極的に取り組むべきだとするリベラル・コンセンサスと、それを体現する民主党の優位を前提に、大統領と議会が基本的方向性を共有した分業を行っていたのである。言い換えるならば、ニューディール期から六〇年代末までのアメリカ政治の安定を支えていたのは、政策理念としてのリベラル・コンセンサスに依拠した、大統領と連邦議会の相互分業関係であった。それは、両者にとって望ましい、いわゆるウィン・ウィンの関係だったといえよう。このようなコンセンサスと分業があるとき、政権交代は政策変化を導きやすい。

しかし、リベラル・コンセンサスと大統領・議会間の分業は、一九七〇年代に入ると消滅する。ヴェトナム戦争やウォーターゲイト事件の経験は大統領と連邦議会の関係を悪化させ、かつマクロ経済の弱体化や社会文化的な混乱はリベラルへの疑念を強めた。大統領と連邦議会の協調関係が成立しにくくなることと並行して、民主党と共和党という二大政党のイデオロギー的立場の相違も大きくなり始めた。*2 近年のアメリカ政治のキーワードである分極化の始まりである。連邦議会は大統領に対する自律性の回復と、議会内部での多数党中心の政策決定を追求するようになった。それは大統領の意向が政策決定に反映されにくくなることを意味していた。現代大統領制のディレンマが、改めて顕在化したといってもよいだろう。

大統領にとってなお残る好機の一つが、政権交代直後である。政権交代は、政策転換を当然視する雰囲気を作り出す。ビル・クリントンやオバマに代表されるように、近年の大統領は「変革」を新政権のキャッチフレーズにすることが少なくない。アメリカの有権者にはもちろん、さらにときには外国の人々にまで、新政権の発足が大きな政策変化をもたらすと期待されている。しかし、政権交代が好機の一つであるとしても、現代大統領制のディレンマが消え去るわけではない。だとすれば、アメリカにおける政権交代がどの程度の政策変化をもたらしているのか、またそれはなぜか、という点については、改めて検討されねばならないのである。

(2) 連邦議会における政党執行部の影響力

現代大統領制のディレンマに直面する大統領にとって最も重要になるのが、連邦議会との協調関係を構築することだとして、連邦議会において大統領を支持する可能性が最も高いのは、どのような属性を持った議員だろうか。

この点については、アメリカには既に膨大な研究蓄積がある。従来の諸研究が明らかにしてきたのは、政権側を支持する可能性が高いのは、大統領と所属政党が同じである議員、イデオロギー的立場が近い議員、当選回数が多く議院や所属政党の執行部に入っている議員、さらには再選のための基盤が弱い議員などである。これらの属性は互いに排他的ではない。たとえば、所属政党が同じであればイデオロギー的立場は相対的に近いと考えられる。大統領は、できるだけ多くの議員が支持しやすいようなアジェンダ（政策課題）として提起をした上で、議員が持つとされる諸目標、すなわち再選、昇進、政策のいずれかに役立つことを示して支持を獲得していくのである。

近年とりわけ注目されるようになっているのが、大統領やその所属政党指導部によるアジェンダ設定の効果と、連邦議会内での政党執行部による議事運営のコントロールの効果である。アジェンダ設定は大統領にとって最も直接的な働きかけの一つだが、そのタイミングや政策課題としての規模を読み間違えると十分な効果を得られない（Light 1998）。この見解を敷衍《ふえん》すると、大統領によるアジェンダ設定が議会における成功を導くか否かは、適切な補佐官や議会との橋渡し役を務めるスタッフを得て、適切なタイミングと形式で当該政策課題を提示できるかどうかという、極めて属人的な能力や技術に依存することになる。[*3] 新政権誕生ごとに、大統領の経歴や人柄、さらには人脈に注目しつつ「これからのアメリカ政治はこうなる」と論じる本が多数出版されるが、根底にあるのはこのような理解であろう。

しかし、データに依拠した実証研究の知見は、属人的な要因を重視することにはおおむね否定的である（Bond and Fleisher 1990; 松本　二〇〇九～一〇）。むしろ、大統領が提起したアジェンダを立法化する上で大きな意味を持つのは、議会内政党、とりわけその執行部の影響力行使だという見解が、今日では通説的な位置を占めている（Cox and McCubbins 2005, 2006）。

アジェンダ設定に関する政治学者ジョン・キングダンの古典的研究は、統治アジェンダと決定アジェンダを区別していた。統治アジェンダとは、政策を展開していく上での基本的な方向性の提起のことであり、決定アジェンダとはそれに基づいて具体的に示される選択肢のことである。連邦議会への法案提出権を持たないアメリカの大統領の場合、決定アジェンダを設定する作業は議会に任せざるを得ない（Kingdon 1995; Jones 2005）。

たとえば、ロナルド・レーガンの場合がそうであったように、福祉改革を大統領が提唱し、注目や支持を集めることはできる。しかし、大統領の意向を具体的な法案審議でどの程度反映させるかについては、議会に相当程度を委ねるしかない。そして、議会での立法過程においては、具体的にどのような規定を含んだ法案として、どのような代替案との関係で提示されるかが、当該法案の成否に死活的な影響を与える。だとすれば、大統領による統治アジェンダの設定と同等かそれ以上に、議会内での決定アジェンダの設定が、大統領の成功を規定することになる。

この見解に立てば、連邦議会内での決定アジェンダ設定を誰が行っているのか、という議会研究にとって馴染《なじ》み深い問いに、結局は戻ってくることになる。つまり、大統領の立法上の成功を検討することは議会内過程の分析になるという「議会中心アプローチ」である（松本　二〇〇九～

一〇、二〇一二)。

連邦議会についての研究はアメリカ政治学の花形分野であり、議会内過程に関しても実に多様な見解が存在する。ごく簡単に見ておこう。かつては委員会がほぼすべての法案の生殺与奪の権を握っており、本会議では委員会相互間の取引によって多数派形成がなされることが強調されていた(Weingast and Marshall 1988)。しかし一九九〇年代以降になると、政党や本会議の役割が重視されるようになり、理論的な明快さと現実の分極化の両方に支えられて今日では広く受け入れられている。そのうちの一つとして、多数党執行部が各委員会への所属議員の配属決定、委員会への法案付託、そして本会議での法案処理手順を実質的に決定していることから、多数党執行部が議会の最重要アクターであるという主張が登場した(Kiewiet and McCubbins 1991; Aldrich 1995; Cox and McCubbins 2006)。

この主張を大統領の立法面での成功に関する議会中心アプローチと組み合わせるならば、議会における政党の役割拡大が、執行部による決定アジェンダ設定などを介して、所属政党やイデオロギー的距離による大統領の立場への賛否を規定するという構図が導かれる。言い換えれば、どれほど熱意や人気のある大統領であっても、提唱した政策が実現できるかどうかは、まずもって連邦議会内部の政党執行部(とくに多数党執行部)に依存しているのである。

(3) 変革志向と変革期待

しかしそのことは、基本的な政策の方向性すなわち統治アジェンダを大統領が設定する意義を、完全に失わせてしまうわけではない。大統領の個人的な技量が決定的要因ではないにしても、とりわけ大統領本人が持つ変革志向や世論の変革期待が存在する場合には、統治アジェンダの設定が大きな意味を持つことがある。アジェンダ設定によって立法上の成功を収めた最も顕著な例としてしばしば挙げられるフランクリン・ローズヴェルトの場合にも、世論の変革期待に適合的な統治アジェンダの設定に成功したことが大きな意味を持っていたと考えられる。このように、大統領による統治アジェンダ設定を重視するのが「大統領中心アプローチ」である(松本 二〇〇九~一〇、二〇一二)。

その中で、大統領が変革志向であるかどうか、かつそれが既存の制度配置と適合的であるかどうかを重要な要因として取り上げたのは、アメリカの政治学者スティーヴン・スコウロネクであった(Skowronek 1993, 2008)。表4・1にあるように、彼は四つの類型を提示した。

第一が「再建の政治」で、既存の制度配置(さまざまな制度のあり方や相互関係)の基礎をなす理念や利益の構造が弱体化しており、かつ大統領自身もそれを維持することにコミットせず、変革志向が強い場合を指す。典型例は、ニューディール政策によるアメリカ政治の全面的な

表4・1　スコウロネクによる大統領政治の位置づけ

		大統領の政治理念	
		現状変革的	現状追従（現状維持）的
現行の制度配置に体現された理念や利益	脆弱（危機的）である場合	再建の政治	分離の政治
	弾力性（命脈）を保っている場合	先取りの政治	部分修正の政治

（出典）Skowronek (1993: table 1). ただし、（　）内の用語は筆者が追加した。

転換を図ったフランクリン・ローズヴェルトである。第二は「分離の政治」と名付けられており、制度配置が弱体化しているのに大統領の変革志向は弱い場合で、世界大恐慌の直前に就任し、恐慌が起こってからも三年以上にわたって有効な手を打てなかったハーバート・フーヴァーが挙げられる。第三が制度配置はなお命脈を保っているのに大統領の変革志向は強い場合に当てはまり、スコウロネクは「先取りの政治」と呼ぶ。リベラルの全盛期に積極的な福祉拡充を進めたリンドン・ジョンソンが典型例である。第二、第三の場合にはいずれもミスマッチを生み出す。そして第四の「部分修正の政治」は、制度配置が決定的危機ではなく、かつ大統領の変革志向も弱い場合である。一九七〇年代にリベラル派の成果は全否定せずに連邦制改革などを進めたリチャード・ニクソンなどが該当する。当然のことながら、変革志向を持つ大統領は立法を積極的に行うが、成功の可能性が高いのは第一の場合だけで、第三の場合には大きな挫折を経験することになるであろう。

関連性を持つ議論として、前章でも言及した政治学者ブランダイス・ケインズ－ローンは、世論の支持が高いときほど大統領のアジェンダ設定が成功することを計量分析によって明らかにした（Canes-Wrone 2005）。世論にアピールすることによる統治アジェンダの設定に注目した嚆矢《こうし》は、サミュエル・カーネルであった（Kernell 2006）。しかし、一九九〇年代に初期の成果が公開されたカーネルの研究では、どのような場合に大統領が世論へのアピールを用いるのか、またそれが成功するのかが、必ずしも体系的に明らかにはなっていなかった。ケインズ－ローンはその点について、テレビが広く普及した戦後の大統領に関する包括的なデータセットを作成して検討を加えたのである。彼女によると、とくに内政において大統領は、自らの政策選好と有権者の選好が近似している場合にのみテレビ演説や教書での積極的な言及など有権者へのアピールを行う。そして、そのような場合における立法の成功可能性は有意に高まるという。[*4]

近年になって、社会運動の高まりや世論におけるリベラルなムードの存在が大統領にとって有利に作用することを見出す研究も登場している（Cameron and Park 2008; Epstein, Kristensen, and O'Halloran 2008）。これらはいずれも、積極的な政府の役割が求められる時期には、有権者からの期待は大統領に集中するために、連邦議会も大統領のイニシアティヴを受け入れやすくなることを明らかにしている。ただし、大統領そのもののリーダーシップ・スタイルとの結びつきは示されておらず、スコウロネクが追求しようとした方向性とはやや乖離していると考えられよう。

（4）ハネムーン期間の効果

政党の役割や大統領の変革志向に注目した見解は、議論の射程を政権交代に限定したものではなく、一般的に大統領が立法上の成功を収める要因を明らかにしようとするものであった。たとえば、大統領の連邦議会における成功について近年では最も包括的な検討を行っているケインズ－ローンの場合にも、大統領の支持率は変数に取り入れられているものの、就任後の時間的な変遷は扱われていない（Canes-Wrone 2005）。数少ない例外として、政治学者ポール・ライトは就任一年目を三カ月ごとに区切って政策提案を行った比率を算出しているが、これも提案についての検討にとどまっており、実際の成否については論じられていない（Light 1998）。

その一方で、大統領の就任直後には「最初の一〇〇日間（first one hundred days）」あるいは「ハネムーン期間（honeymoon period）」と呼ばれる時期があることは広く知られている。もともとは一九三三年に大統領に就任したフランクリン・ローズヴェルトが、ニューディール政策の立法化を政権発足直後に一気に進めたことが、そのような概念を定着させた。だが、それが他の大統領についても一般的に存在するかどうかは別の問題で、この点に関する実証研究も行われている（Frendreis, Tatalovich and Schaff 2001; Buchler and Dominguez 2005; Dominguez 2005; Beckmann and Godfrey 2007）。

これらの研究はいずれも、ハネムーン期間が一般的に存在しており、大統領の立法過程における成功可能性が高まっていることを計量分析から見出している。就任直後に新政権が総じて有利であるというのは、通説的な理解だということができるだろう。なお、就任後一〇〇日という短期間で成果が挙げられるのは例外的な現象であり、二〇〇日を基準として考えるべきだという議論も一部には見られる（砂田　二〇〇九）。

だが最近になって、政党の役割、とりわけ政党間関係のイデオロギー的分極化を考慮に入れると、ハネムーン期間の効果は見出せないという研究も登場している。[*5] 松本俊太は、就任直後の大統領によるイニシアティヴを連邦議会が受け入れるというのは単なる慣例ないしは紳士協定に過ぎないのであり、大統領が過度に党派的に行動していると議会側が判断する場合には、非政権党の離反によってハネムーン期間においても大統領の支持基盤は政権党に限定されるようになると論じる。その傾向は政党間関係の分極化が強まった今日において、とくに妥当する。たとえばオバマ政権の場合、就任直後の一〇〇日だけではなく二〇〇日というより長いスパンを取ってみても、大統領が重視する主要アジェンダについて成果を収めたとはいえず、議会での多数派形成に成功している場合にも超党派的な支持は得られていない、という（松本　二〇一〇）。

二　政策転換を可能にする要因

（1）四つの仮説

従来進められてきた研究から、アメリカの大統領が立法上の成功を収める要因についてまとめると、次のようになるだろう。すなわち、大統領の権限が乏しいアメリカの政治制度の下において、内政面での政策展開は連邦議会の立法を通じて行うしかないが、大統領にとって議会多数派を形成することは容易ではない。その中心的な方法はアジェンダ設定だと考えられているが、具体的な選択肢の提示（決定アジェンダの設定）は議会内部で行われ、現在では多数党執行部に依存せざるを得ない。政策の基本的な方向づけ（統治アジェンダの設定）については、世論へのアピールなどを通じて行うことができる。しかし、その成否は大統領のリーダーシップ・スタイルや世論の動向に左右される。政権交代直後に議会などが大統領の意向をほぼ受け入れてくれる「ハネムーン期間」が存在しているかどうかについては、多くの研究は肯定的である。だが、近年では政党間関係の分極化によって存在しなくなったという見解も示されている。

これらの議論はそれぞれ実証分析の知見に基づいて提示されているが、相互に必ずしも整合性があるわけではない。たとえば、連邦議会の多数党執行部が具体的な選択肢の提示において果たす役割が決定的なのだとすれば、大統領の変革志向は立法上の成功にはつながらないであろう。ハネムーン期間が存在しているのであれば、新政権の発足初期には多数党執行部の意向に左右されることなく、大統領は立法上の成功を収められることになるだろう。また、スコウロネクや多くの大統領リーダーシップ研究者が重視してきた、大統領の持つ変革志向やリーダーシップ・スタイルの差異については、十分に変数として扱われてきたとは言い難い。比較的近い関心を持つと思われる最近の一部の研究でも、大統領自身の志向よりもリベラルなムードや社会運動の高まりの効果を見出すにとどまっている。

そこで本章では、大統領が就任直後に立法過程でどの程度の成功を収めているのかについて、従来の研究で提示されてきた諸要因のうち、何が最も大きな意味を持っているのかについて検討を行うことにしたい。

まず、議会内政党を最も重視して考えてみよう。先に見たように、政権交代直後の大統領の立法上の成功を規定するのは議会内政党の動向であり、政権党が多くの議席を獲得している場合に大統領は立法過程で成功を収めやすい、という見解がある。これを「政党仮説」と呼んでおこう。政党仮説に政党間関係の分極化を組み合わせると、分極化が進展するほど政権交代直後の大統領を支持する議員は政権党所属議員がほとんどになる、という考え方が成り立つ。これを「分極化仮説」と呼ぼう。

政党以外の要因に注目する考え方もありうる。政権交代直後の大統領には依然としてハネムーン期間が存在するという見解であり、大統領就任から一〇〇日、あるいは二〇〇日以内である方が、議会での成功を収めやすい、と予測する。これを「ハネムーン仮説」と名付けておこう。もう一つは大統領と世論の志向が整合しているかどうかに注目する見解で、両者の変革志向がともに強いか、あるいはともに弱いときほど、大統領の統治アジェンダ設定が受け入れられやすくなるために立法上の成功を収めやすい、と予測する仮説である。これは「変革志向仮説」と呼ぶことができるだろう。

以下では、ここまで述べてきた四つの仮説について、それぞれ簡単なデータ分析を通じて検討してみよう。[*6]

（2）政党・分極化・ハネムーンの効果

まず「政党仮説」についてである。政党仮説が妥当するならば、政権党の議席占有率が高いときほど、新大統領は立法過程で勝利を収める可能性が高まることになる。このような傾向は実際に観察されるのだろうか。本章では、一九七〇年代以降で政権党の交代を伴った新大統領の就任があった場合、具体的にはジミー・カーター、ロナルド・レーガン、ビル・クリントン、ジョージ・W・ブッシュ、バラク・オバマの五人の大統領について、就任時の政権党議席占有率と大統領勝率を並べたのが表4・2である。既に述べたように、大統領・議会・政党・有権者という主要アクター間の関係や相互作用のあり方は、ニューディール連合が崩壊し、リベラル・コンセンサスが消滅した一九七〇年代以降に大きく変化した。そのため、七〇年代における最初の政権交代であるカーター以降の五人の大統領に限定して検討を行う。

大統領勝率という言葉は、多くの人にとって恐らくあまり馴染みがないであろう。これは、連邦議会における点呼投票記録から算出される。点呼投票とは、連邦議会において個々の議員の投票行動が記録として残されている採決を指す。かつては議員名が点呼されてから投票を行っていたことからこの名称が用いられているが、現在では下院は原則的に電子式投票である。[*7] 重要な採決ではほぼ必ず用いられる点呼投票に注目すると、連邦議会で過半数が大統領の立場を支持した場合には「勝利」、しなかった場合を「敗北」と見なして、大統領が賛否を明確にした点呼投票について「大統領勝敗」が導かれる。[*8] さらに、勝利を収めた採決の比率が「大統領勝率」となる。

表4・2からは、政権党の議席占有率が大統領勝率にはほとんど関係していないことが分かる。同じ民主党政権であっても、議席占有率が最も高かったカーターより、ビル・クリントンやオバマの方が高い勝率を収めている。レーガンのように政権党であった共和党の議席占有率が五〇%に達していない、つまり政権党が過半数割れしている状況下では、さすがに勝率はやや低下す

表4・2　就任年における政権党の議席占有率と大統領勝率

大統領（就任年）	政権党議席占有率	大統領勝率
カーター（1977年）	67.13%	74.68%
レーガン（1981年）	44.14%	72.37%
ビル・クリントン（1993年）	59.31%	90.20%
ジョージ・W・ブッシュ（2001年）	50.80%	83.72%
オバマ（2009年）	58.85%	94.44%

（註）数値はいずれも下院についてのもの。
（出典）政権党議席占有率についてはOrnstein, Mann, Malbin, Rugg and Wakerman (2014: table 1-19), 大統領勝率については*CQ Almanac*（各年版）から、筆者が算出して作成。なお、大統領勝率については資料によって若干の違いがあり、本章ではビル・クリントンについてのみ、Stanley and Niemi (2015: table 6-7) およびそれを基にして作成した本書の図5・1、表5・2、表5・3と異なっている。

る。しかし、それ以外には政権党の議席占有率と大統領勝率の間に目立った関係があるとはいえず、「政党仮説」がそのまま成り立つと考えるには無理がありそうだ。

次に「分極化仮説」はどうだろうか。この仮説の当否について考えるには、連邦議会内の分極化、すなわち二大政党間の政策的立場の懸隔が拡大していることをまず確認しなくてはならない。そのためのデータとしてしばしば用いられるのが、NOMINATEスコアと呼ばれる指標である。このスコアは、アメリカの政治学者キール・プールとハワード・ローゼンタールが開発したもので、一七八九年の第一議会からのすべての議員ごとの記録が残っている投票（点呼投票）を元に、議員個々人のイデオロギー的位置を推認する。上限値は1、下限値はマイナス1で、リベラル度が高いほど数値は上がる。二大政党のそれぞれに所属して

表4・3　就任年における政党間のイデオロギー的懸隔と大統領勝率

大統領(就任年)	NOMINATEスコアの差	大統領勝率
カーター(1977年)	0.489	74.68%
レーガン(1981年)	0.540	72.37%
ビル・クリントン(1993年)	0.634	90.20%
ジョージ・W・ブッシュ(2001年)	0.727	83.72%
オバマ(2009年)	1.016	94.44%

(註) 数値はいずれも下院についてのもの。NOMINATEスコアはDW-NOMINATEの第一次元。
(出典) NOMINATEスコアはvoteview.com から入手したデータによる。大統領勝率については表4・2と同じ。

いる議員の平均値を出し、その差が大きくなっているほど、政党間関係の分極化が進んでいると判断できる。

表4・3は、先ほどの表4・2と同じく大統領勝率について、下院における二大政党間のNOMINATEスコアの差とともに示したものである。NOMINATEスコアの差は次第に大きくなっており、分極化が進展していることは明らかである。だが大統領勝率との連動についていえば、先に見た政権党の議席占有率よりも関係がありそうだが、それほど明確な関係ともいえない。この表だけだと、「分極化仮説」が成立しているかどうかの見極めは難しい。

そこで、もう一つの判断材料として、下院での大統領支持議員に占める政権党議員の割合についても検討した。「分極化仮説」の予測では、二大政党間の分極化が進展するほど、この割合が増大すると考えられるためである。結果は表4・4に示した。一見するとこちらも関係は不明確に思えるが、分極化が広く認識されるようになったビル・クリントン政権

表4・4　就任年における政党間のイデオロギー的懸隔と自党所属議員への依存

大統領（就任年）	NOMINATEスコアの差	大統領支持議員に占める政権党所属議員の比率
カーター（1977年）	0.489	75.77%
レーガン（1981年）	0.540	56.89%
ビル・クリントン（1993年）	0.634	74.38%
ジョージ・W・ブッシュ（2001年）	0.727	77.45%
オバマ（2009年）	1.016	84.87%

（註）数値はいずれも下院についてのもの。
（出典）表4・2と同じ。

以降には、NOMINATEスコアの差の拡大と足並みを揃《そろ》えるように、大統領を支持するのは政権党の所属議員のみになる傾向が強まっている。これはスコア差がついに1を超えたオバマ政権の場合に顕著で、オバマ支持の議員は平均して八五％が民主党議員なのである。どうやら「分極化仮説」は成り立つと考えてよさそうである。

知名度の高い「ハネムーン仮説」についても見よう。表4・5には、対象とする五人の大統領について、就任後一年間における月ごとの大統領勝利数を、五人を合計した場合の勝率とともに示した。ハネムーン期間を一〇〇日と見れば就任から三カ月目まで、二〇〇日と見れば六カ月目まで、それぞれ大統領は勝利しやすくなると予測されるが、勝率の動きはそれに見合っているとは言い難い。一年目の平均勝率を下回っているのは一カ月目、六カ月目、一〇カ月目と、年間を通して散らばっており、ハネムーン期間にことさらに勝率が高いわけではない。また、採決が行われた件数で見ても、就

6月	7月	8月	9月	10月	11月	12月	計
11(5)	7(2)	12(2)	11(4)	4	1	3(1)	79(20)
15(7)	12	1	5	16(10)	8(1)	8(1)	76(21)
12(4)	4	5	17(2)	9(2)	26(2)		102(10)
3(2)	11(3)	4	2	4(1)	2	4	43(7)
16(1)	25(2)		2	7	3	4	72(4)
57(19)	59(7)	22(2)	37(6)	40(13)	40(3)	19(2)	372(62)
66.67	88.14	90.91	83.78	67.50	92.50	89.47	83.33

た採決数。数値はいずれも下院についてのもの。

任からの半年間よりも後半の半年間の方が多くなっており、大統領が提唱する政策が続々と決まっていくというイメージからは程遠い実態であることが分かる。

表には示していないが、下院での大統領勝率が最も高まったのは、カーターが四年目、ジョージ・W・ブッシュが三年目など、一部の大統領の場合には就任一年目ですらないこともある。ビル・クリントンの場合にも、一年目と二年目の数値はほぼ同水準である。これらも考えあわせれば、今日の大統領にはハネムーン期間は存在しないか、あったとしてもごく微弱にとどまるというべきであろう。

(3) 変革志向の効果

最後に「変革志向仮説」の当否についても検討しておきたい。

表4・5　月別の大統領勝敗と勝率

大統領（就任年）	1月	2月	3月	4月	5月
カーター（1977年）		2	14(4)	8(1)	6(1)
レーガン（1981年）		1	1		9(2)
ビル・クリントン（1993年）		5	12	3	9
ジョージ・W・ブッシュ（2001年）			3	2	8(1)
オバマ（2009年）	3(1)	1	2	1	8
計	3(1)	9	32(4)	14(1)	40(4)
大統領勝率（%）	66.67	100.00	87.50	92.86	90.00

（註）大統領勝率以外の数字は大統領が態度を表明した採決数。うちカッコ内は大統領が敗北し
（出典）*CQ Almanac*（各年版）より、筆者作成。

大統領の変革志向については、その測定方法をもう少し説明しておくべきだろう。政権交代によって新たに就任する大統領であれば、誰でも多かれ少なかれ変革志向は持っている。しかも、その変革の対象もさまざまであり、操作的な定義を得ることは容易ではない。そこで本章では、やや簡便に過ぎるきらいはあるが、大統領が唱える変革志向とは政府の能力に対する基本的信頼を前提にしたもの、すなわちリベラルであることだと限定的に捉えて、民主党所属の大統領であることを代理指標として用いることにした。したがって、カーター、ビル・クリントン、オバマの三人が「リベラル志向」、レーガンとジョージ・W・ブッシュの二人が「保守志向」となる。

同じく測定が難しい世論の変革志向については、政府の規模と信頼度の差異に注目することにしたい。ただし、政府の規模についての選好データは安定的に依

拠できるものがないので、今回はより一般的な「公共政策のムード（public policy mood）」の数値を規模選好の代替指標として用いる。この指標は政治学者ジェイムズ・スティムソンが算出しており、ムード指標の数値が高いほどリベラル志向が強く、政府への積極的な活動が期待されていることになる。[*9] 政府への信頼度の指標は、ミシガン大学の全米選挙調査（ＡＮＥＳ）が二年おきに行ってきた調査結果で、政府が「ほぼ常に（Just about always）」あるいは「ほとんどの場合に（Most of the time）」正しいことをしていると回答した有権者の比率である。[*10] 公共政策ムードについては二年間ごとの集計が公開されているので、その値から信頼度データの値を引き、世論の変革志向の程度とした。[*11]

積極的な政府への役割が期待されているのに、実際の政府への信頼度が低い状態では、公共政策ムードと信頼度のギャップが大きくなる。この場合に、世論は変革志向を強めると考えるのである。分析対象となった期間の平均値は二八・二二で、これを上回る変革志向を示したのは、レーガン、ビル・クリントン、オバマの就任時点であった。ここから、先ほど述べた大統領自身のリベラル／保守志向とあわせ、ビル・クリントン（世論の強い変革志向とリベラルの大統領）、ジョージ・W・ブッシュ（世論の弱い変革志向と保守の大統領）、オバマ（世論の強い変革志向とリベラルの大統領）の三人が整合性の高い大統領だと考えられる。

数値算出のための説明が長くなってしまったが、変革志向仮説を確かめるために示したのが表

表4・6　変革志向の適合性と大統領勝率・大統領支持議員比率

変革志向の適合／不適合	大統領勝率	大統領支持議員比率
適合（ビル・クリントン、ジョージ・W・ブッシュ、オバマ）	93.42%	61.75%
不適合（カーター、レーガン）	73.55%	54.60%

（註）数値はいずれも下院についてのもので、カテゴリごとにすべての投票をプールして算出した。
（出典）変革志向に関しては本文参照。大統領勝率、大統領支持議員比率については、表4・2と同じ。

4・6である。ここでは、大統領勝率と大統領を支持する議員の比率の両方について、大統領自身と世論の変革志向が適合している場合として いない場合に分けて、数値を示した。変革志向に関する整合性が高い方が、大統領勝率と支持議員比率のいずれについても上回っていることが分かる。依拠した指標そのものの妥当性にやや弱さは残るものの「変革志向仮説」は妥当するといえそうである。*12

ここまで進めてきたデータ分析から、大統領と世論の変革志向が整合しているかどうか、および政党間関係がどの程度まで分極化しているかによって、政権交代直後の大統領がどこまで主導権を握れるかは影響を受ける可能性が高いことが明らかになった。その反対に、政権発足直後には超党派の支持を得て大統領が思い通りの政策を展開できるといった古典的なハネムーン期間は、もはや存在しなくなっている可能性が高い。新政権は従来とは異なった政策を推し進めようとするし、それはある程度まで成功を収める場合があるが、その背景にあるのは世論の期待との適合である。また、分極化が進展するにつれて、大統領を支持する議員ももっぱら自党から確保する傾向が強まっている。

三　カーターの失敗とビル・クリントンの成功

（1）変革を訴えた二人

先に見たように、大統領がリベラル志向で世論の変革志向が強い、あるいは大統領が保守志向で世論の変革志向が弱い場合には、連邦議会において大統領の立場を支持する議員の割合が増大する。政権交代直後のハネムーン期間が持つ意味は、どの大統領にとっても等しいのではなく、新政権が置かれた状況的要因によって変わってくるのである。しかし、データ分析で注目した大統領の勝敗や勝率などは、いずれも「大統領が態度を表明した採決」について算出されるもので、政策としての重要性は考慮されていないという難点があった。そこで本節では、政権にとっての重要課題における議会との関係を、具体的な事例の叙述を通じて確認することにしよう。

対象となる事例は、カーター政権とビル・クリントン政権である。二人の大統領はいずれも若くして南部の州知事を務め、首都ワシントン政界や既得権益とは無縁の存在として自らを売り出すことにより、ダークホース的存在から一気に大統領選挙の勝利まで駆け上がった。その清新さは変革志向と強く結びついており、たとえばカーターの場合には、一九七六年大統領選挙を前にした民主党大会での候補指名受諾演説において、次のように述べている（*Acceptance Speech: Our*

Nation's Past and Future, July 15, 1976)。

アメリカには新しいムードが生まれている。われわれは海外での悲劇的な戦争や国内での破られた約束によって動揺させられてきた。わが国の人々は、新しい声、新しいアイディア、そして新しいリーダーを求めているのだ。

カーターよりさらに明確に変革を唱えたのはビル・クリントンであった。同じく民主党大会での候補指名受諾演説から、最も端的に変革志向を語った一節を引用しておこう（*Address Accepting the Presidential Nomination at the Democratic National Convention in New York*, July 16, 1992)。

今やわれわれは世界を変えた。今度はアメリカが変わる番だ。

その一方で、二人の大統領が向き合った世論の変革志向には違いがあった。前節での分析に用いた、公共政策ムードと信頼度から世論の潮流を見よう。カーターが大統領に当選した一九七六年において、公共政策ムードは五七・〇四ポイント、信頼度は三三ポイントで、いずれも本章が対象とする一九七〇年代半ば以降の平均値を下回っていた。つまり当時の世論は、政府に積極的役割を期待せず、かつ信頼もしないという状態であった。ビル・クリントンの場合、大統領選挙が行われた一九九二年には、公共政策ムードが六五・四三ポイント、信頼度は二九ポイントで、前者は平均以上だが後者は平均以下という状況であった。政府の現状には不満を抱いており信頼はしていないものの、より積極的な役割を果たすべきだと考える有権者が、カーター政権発足時よりも多くなっていたのである。

言い換えれば、ビル・クリントン政権の発足時には政府への不信を積極的な政策展開によって改善する余地が生まれていたのであり、政府に対する否定的スタンスに導かれた一九八〇年代の「小さな政府」への潮流が、少しずつ変わり始めていた表れだともいえよう。それは、「小さな政府」志向が強まり始めていた時期に遭遇したカーターとは、全く逆であった。

このように、ともに大統領個人としては変革志向を持ちつつも、世論の変革志向には差異があったカーターとビル・クリントンを事例として取り上げることによって、変革志向と立法上の成功の関係についての知見を深めることができるであろう。なお、両政権とも議会多数党は民主党であり、政権政党と議会多数党が一致する統一政府の状態にあった。政権発足直後の議会開会日時点における民主党の下院議席数は、一九七七年が二九二議席、九三年が二五八議席で、カーターの方がやや多かった。上院も同様で、七七年が六一議席、九三年が五七議席であった。なお、最近では上院で多数党の意向を安定して反映させるには、フィリバスターと呼ばれる長時間演説による議事妨害を打ち切れる六〇議席が必要だとされる。しかし九〇年代初頭まではまだ超党派の連合形成の可能性も小さくなく、六〇議席ラインを超えるかどうかの意味はそれほど決定的ではなかった。

（2）カーターのエネルギー政策

カーター政権にとっての最重要アジェンダの一つは、エネルギー政策であった（砂田一九九九）。一九七三年の第一次石油危機以降、アメリカはエネルギー価格の上昇と、それに起因する不況下でのインフレ、すなわちスタグフレーションとそれによる国際政治経済上の立場の脆弱化に悩まされていた。政権では、石油への野放図な依存がアメリカの脆弱性を高めているという判断から、国内的には石油を中心としたエネルギー消費の抑制、国際的には中東産油国との相互依存関係の強化に乗り出した。より具体的にいえば、国内での消費抑制は燃料課税によって行うことを目指しており、消費抑制は「道徳的戦争」だと捉えられていた（中村　二〇〇二）。それは、ヴェトナム戦争やウォーターゲイト事件によって頂点に達した連邦政府権力の驕《おご》りを戒め、国民にも自省と自己変革を求めたカーター政権らしい方針ではあった。

一九七七年四月に明らかになったカーター政権のエネルギー政策に対して、連邦議会の応答は必ずしも積極的ではなかった。反対派からは、消費抑制の効果を過大に見積もっているのではないか、国内の資源開発に負のインセンティヴを与えるのではないか、失業者が増えるのではないか、といった疑問が提起された。カーターはこれらの批判に対して、政権のエネルギー政策を破壊し、アメリカ全体のエネルギー政策を失わせてしまう利益集団の動きであるという反論を行った（*1977 CQ Almanac*: 13）。

議会を舞台とした利益集団政治を批判しながら、自らを改革者として位置づけるという手法はカーターがしばしば依拠するものであった（待鳥　二〇〇六）。しかし、それは議会内部からの反発と民主党の分裂を生み出してしまう。エネルギー政策に関していえば、政権側の方針に沿った法案を成立させようとする下院と、独自の代案を作成した上院の懸隔は埋めることができないまま、年内成立を断念せざるを得なかった（*1977 CQ Almanac*: 13）。

このほかにも、治水計画事業への連邦支出削減を突然に発表したり、自らが提起して議会民主党も賛成していた戻し減税を撤回するなど、政権初年度におけるカーター政権は連邦議会との信頼関係を構築することができなかった（砂田　一九九九）。カーターが自らの変革志向に忠実であろうとするあまり、既得権の固まりとして議会を敵視しすぎたことが大きな理由である。当時はまだ分極化傾向が顕著になっていた時期ではなかったが、政権党が議会両院でも多数党であることはもちろんプラスに作用する可能性が高かった。だが、議会そのものを敵視するカーターの姿勢を前にしては、いかに政権党だとはいえ、議会民主党が全面的に支え続けることは困難であった。

しかし、当時のアメリカ政治をより広い文脈から捉えるならば、大統領の下で一致団結しながら政府主導で大きな変革を実現する状態にはなかったということができる。カーターが就任した時点で既に、大企業や大規模労組よりも「大きな政府」が将来のアメリカにとって最大の脅威だと考える有権者が多かったが、その割合は一年後にむしろ増える傾向にあった（*Gallup Poll 1972–77: 965; Gallup Poll 1978: 252*）。議会も国民も、大統領のイニシアティヴによって政府が積極的役割を果たすことには期待しておらず、むしろそれに幻滅し嫌悪していた。カーターを無名の新人から大統領の座に押し上げ、彼が大統領としてアメリカ全体に求めた自省の気運は、大統領権力の積極的行使への嫌悪感として、政権発足直後からカーター自身にも跳ね返っていたのである。

(3) ビル・クリントンのNAFTA

就任後一年間のビル・クリントン政権の立法上の成功はめざましいものであった。民主党の新政権としては二〇世紀以降で最低の政権政党議席率でありながら、大統領勝率は戦後最高の水準を達成し、一度も拒否権を行使しなかったことは、政権側が発足直後から連邦議会での多数派形成に卓越した能力を持っていたことを意味する。その大きな鍵となったのは、法案ごとに多数派形成のパターンを変えるという大胆な戦術であった。この手法は一九九四年中間選挙によって分割政府になってから、「三角戦略（三角測量戦略）」という形でより活用されるようになるが、その萌芽《ほうが》は政権発足当初から見られた。初期のとりわけ大きな成功とされるのが、一九九三年八月の包括予算調整法（ＯＢＲＡ93）成立と、一一月の北米自由貿易協定（ＮＡＦＴＡ）実施法案成立である（*1993 CQ Almanac*: 30）。

これらのうち、包括予算調整法はジョージ・Ｈ・Ｗ・ブッシュ政権が一九九〇年に成立させた立法の延長線上にあるもので、ビル・クリントン政権の積極的イニシアティヴによる成果とまでは言い難い（待鳥　二〇〇三）。それに対して、カナダ、メキシコとの自由貿易協定締結の協議も前政権下で始まったものとはいえ、実施法案の成立にはビル・クリントン政権が決定的な役割を果たしており、ビル・クリントン政権初期の代表的な成果だとされている。また、今日の環太平洋パートナーシップ協定（ＴＰＰ）に至る、アメリカが国際機関を関与させない多国間交渉によって自由貿易を推進する出発点になった協定でもある。そこで以下では、ＮＡＦＴＡの実施法案について簡単に見ていくことにしよう。

ＮＡＦＴＡに対しては、とりわけ安価な労働力が豊富に存在するメキシコが相手国の一つであったことから、国内産業の空洞化を招くという批判が労働組合などから出されていた。また、環境保護について十分な配慮が払われていないという環境保護団体の懸念も存在した。労組や環境保護団体は民主党の有力支持基盤であるため、ディック・ゲッパート下院院内総務をはじめ議会民主党の有力議員は反対の姿勢を示した（*1993 CQ Almanac: 36*）。ギャラップ社の世論調査からは、有権者は秋に至ってもなお協定支持を不支持が上回る状態であった。

しかし、ビル・クリントンや副大統領のアル・ゴアは経済学者なども動員しながら自由貿易による経済成長の可能性を積極的に語り続けることで、共和党や産業界だけではなく、有権者の支持も徐々にではあるが拡大していった（*Gallup Poll 1993: 202*）。同時に連邦議会に対しては、所属政党にかかわらず、鍵を握る議員の選出州や選挙区への利益誘導を通じて支持の拡大を図ったという。たとえばフロリダ州選出の一一人の議員に対しては、州内の農業研究センター完成や州の特産品である柑橘《かんきつ》類や砂糖の生産者保護など一六〇〇万ドル相当の支出を約束したとされる（日本貿易振興機構海外調査部　二〇〇三）。既に見てきたように、歴史的に地域代表としての性格が色濃い連邦議会、とくに下院に対しては、このような手法はやはり有効なのである。最終的には議会において、共和党の四分の三、民主党の五分の二の議員が実施法案に賛成するという超党派の支持連合形成に成功した。当初は微温的な支持にとどまっていたトマス・フォーリー下院議長も、「過去三〇年のいかなる大統領よりも猛烈な働きかけ」の成果だと認めざるを得なかった（砂田一九九四）。

アジェンダとなった当初には懐疑的な雰囲気が強かったNAFTA実施法案について、ビル・クリントンがこれほどまでの巻き返しに成功した大きな理由は、有権者の間に存在した変革への期待感を活かしつつ超党派の支持連合を形成した、政権としての技量に求められよう。その手法は、理詰めの説得や世論の喚起と古典的とさえいえる利益誘導の組み合わせで、まさに教科書的な巧みさだったとさえいえる。実際のところ、NAFTA実施法案成立直後の一九九三年一二月には、ビル・クリントンが「なすべきことをできる人物」だと思うかどうかを尋ねたタイムズ・ミラー・センターの世論調査において、「なすべきことをできる人物」だという回答者が六三％にのぼった（Times Miller Center 1993）。この数値は、同年八月段階の三六％に比べて大幅な上昇であった。少なくとも政権発足直後についていえば、ビル・クリントンの唱えた「変革」に対して有権者が期待したものは、「なすべきことをできる」こと、すなわち積極的な立法による改革だったのである。

現代大統領制のディレンマを解く鍵の一つは、連邦議会に大統領支持の多数派が形成され、大統領の意向を反映した政策決定が進められることである。本章では、その重要な好機としての政権交代に注目した。選挙の結果として大統領とその所属政党がともに変化することを政権交代として定義し、それに該当する一九七〇年代以降の五人の大統領を対象に、新政権発足と立法上の成功の関係について分析を行ってきた。立法上の成功とは、連邦議会での採決に当たって、大統領が立場を表明した場合に、その立場に基づいた多数派が形成できることを指す。

大統領の勝敗やその際の多数派構成に注目して行ったデータ分析と、カーターとビル・クリントンが主要アジェンダについて議会の支持を得られたかどうかについての事例分析から、以下のことが明らかになった。一つは、政権交代直後にしばしば重視されるハネムーン期間については、立法過程での成功を規定する要因とはいえないことである。もう一つには、政府による変革について大統領が持つ志向と世論が持つ志向が整合する場合に、立法上の成功の可能性は明らかに高まることである。さらに、近年の政党間関係の分極化によって、大統領を支持する議員に占める政権党所属議員の割合が上昇していることも確認された。

ここから、今日のアメリカ大統領にとっては、ハネムーン期間だからといって自動的に成果を得られるとは考えられず、世論の期待する方向性に沿った政策を、主として自らの所属政党の議員に依拠しながら立法化することが必要だということが分かる。政権交代直後は大統領に対する支持が高くなるのが通例だから、現代大統領制のディレンマを解消するために政権交代は有効であるとも考えられる。しかし、たとえ就任したばかりであったとしても、世論の支持を得られない立法は必ずしも連邦議会の受け入れるところとはならない。就任直後の大統領が自らのアイディアによって鮮やかな政策転換を進めるという構図は、現代アメリカ政治にはもはや成立が困難になったと考えるべきなのだろう。

二〇〇九年に発足したオバマ政権についても、この知見はまさに当てはまる。オバマは世論の変革志向と整合性の高い状態で政権をスタートさせた。その意味では立法上の成功の可能性は高く、それが政策転換への期待を強めていたと思われる。しかし実際には、確かに立法上の成功の水準は極めて高いものの、主要アジェンダの立法化は初期の大規模景気対策のみにとどまったまま、就任一年目は終わった。二年目に入ってから成立させた医療保険改革法は歴史に残る大きな政策転換だが、そのタイミングはもはや政権発足直後とはいえず、立法過程での多数派形成が困難を極めたことにも疑問の余地はない。[*13] 二〇一〇年中間選挙では共和党に下院多数党の地位を奪われ、その後の六年間は大統領が推進しようとするアジェンダはほぼ完全に行き詰まってしまったことを考えると、個別立法としては高くついたといわざるを得ない。

立法過程での成功が政策転換に直結しない大きな理由は、松本俊太が指摘するように、大統領を支持する連邦議会内の多数派がほぼ民主党のみによって構成される傾向が強く、それでいて民主党の議席数が不足していたからであろう（松本 二〇一〇）。共和党の賛成を期待できない状況では、二〇〇九年から一〇年までのように分割政府でなかった場合にも、民主党の一部でも離反する可能性がある大胆な政策は常に薄氷を踏むような立法過程を覚悟せねばならず、限られた課題についてしか取り組むことができない。さらに、分割政府になってしまうと、政策転換の可能性は著しく低下する。フランクリン・ローズヴェルトのニューディールやリンドン・ジョンソンの「偉大な社会」プログラムのような、広範で大規模な政策刷新はもはや極めて困難なのである。これはオバマに限ったことではない。

だが、現代大統領制のディレンマがもたらす影響を考える切り口は、政権交代の効果を見ること以外にもありうる。次章では、ディレンマが大統領の政策展開にとってどの程度まで制約となるのか、別の契機に注目しながら論じることにしよう。

＊ 本章は、待鳥（二〇一〇b）にデータの更新と加筆修正を行ったものである。本書の中では唯一、単一の論文が元になっているため、改稿を経ながらも章全体の構成などは他章よりも比較的原型をとどめている。しかし、政治学の計量分析に馴染みのない方にも直観的にご理解いただけるよう、多変量解析を使っていた部分を基本統計量による簡便な表に改めるなど、大きな変更も行っている。なお、原型論文執筆に際しては、データセットの作成につき久保浩樹氏にお手伝いいただいた。記して御礼申し上げる。

註

＊1 民主党広報委員会「ジョン・V・ルース駐米国大使と会談　鳩山代表」（二〇〇九年九月三日付け

ニュース)。最終アクセスは二〇一六年七月一〇日。https://www.dpj.or.jp/article/16958

*2 アメリカ政治において「イデオロギー」とは何か、という問いに明確な答えを与えるのは容易ではない。本来は体系的世界観という意味を持つイデオロギーは、ヨーロッパ諸国ほどにはアメリカ政治では顕著な政党間の差異をもたらしてこなかったからである。むしろ政党間に存在していたのは政策の緩やかな方向性や理念の差異であった。しかし、近年ではその差異が個別政策についてではなく、アメリカ政治全体を覆うようになっており、本来的な意味でのイデオロギーに近接しつつある。本書でも、政策理念の差異とイデオロギーの差異を区別せずに用いる。なお、アメリカ政治におけるイデオロギーの意味と役割を論じた著作として、中山(二〇一三)を参照。

*3 より研究史に即した言い方をすれば、ニュースタッドらによる属人的側面に注目した大統領研究が先行し、それを集約的に表現したのがライトの分析であった。

*4 本稿の関心からはやや離れるが、ここに述べたようなカーネルやケインズ＝ローンの見解を敷衍して考えれば、大統領が有権者を説得して自らの支持に導くこと、さらにはそれによって統治アジェンダ設定の効果を強めることも十分予測されるだろう。松本(二〇〇六)は、この点を実験サーヴェイによって検討している。

*5 なお、現代アメリカ政治の分極化に関する包括的な研究として、五十嵐＝久保(二〇〇九)所収の各論文を参照。

*6 以下のデータ分析は直観的な分かりやすさを優先して、多変量解析を用いていない。そのため条件のコントロールなどについて厳密さを欠いている部分がある。条件のコントロールを行っていないので断定できない知見については適切に言及するよう努めたが、多変量解析による分析結果に関心をお持ちの方は、本章の原型論文(待鳥 二〇一〇b)をご覧いただきたい。原型論文では、NOMINATEス

コアや公共政策ムードなど、本書執筆に際して更新した一部のデータは古くなっているが、分析結果の大要と知見は同じである。なお、更新したデータについても原型論文と同じ分析を行い、統計的に有意な変数に違いがないことを確認している。

＊7 厳密には、点呼が行われないが電子式投票により個々の議員の投票記録が残る採決については、記録投票と呼ぶべきなのかもしれない。しかし、点呼投票と総称されるのが通例なので、本書でもそれに従う。

＊8 大統領はすべての採決について賛否を明らかにしているわけではない。本稿では、連邦議会クォータリー社の刊行する『連邦議会年鑑（*CQ Almanac*）』における点呼投票の総覧データに依拠してデータセットを作成した。

＊9 スティムソン自身の分析は、Stimson (2015) を参照。データは一般向けに公開されている。最終アクセスは二〇一六年七月一〇日。http://stimson.web.unc.edu/data/

＊10 公共政策ムードと信頼度の差の平均値を求めるには、ここでの分析には直接用いない、政権交代年以外のデータも必要になる。だが、ANESは二〇〇六年以降、中間選挙年にはこの質問を行わなくなったため、二〇〇六年と一〇年に関してはANESが毎回調査を行う日（選挙年の一〇月一五日前後）に最も近似したタイミングで同じ質問を行った、CBSとニューヨーク・タイムズの共同調査結果を用いた。二〇一四年は同じ理由でCNNの調査結果である。ANES、CBSとニューヨーク・タイムズ、CNNのデータはいずれも、ピュー・リサーチセンターのウェブサイトでまとめて確認できる。最終アクセスは二〇一六年七月一〇日。http://www.people-press.org/2015/11/23/public-trust-in-government-1958-2015/

＊11 一九六〇年代までのように政府への信頼度が極めて高い場合には、公共政策ムードから信頼度を引く

とマイナスになる場合がある。しかし、本章が対象とするカーター政権以降においてはそのような例はなく、公共政策ムードから信頼度を引いた値を変革志向の指標と一応考えてよいだろう。なお、公共政策ムードのような複合指標から世論調査の単一指標を引いてある数値を出しても、それ自体は方法的な根拠を持ったものではなく、あくまで時系列で相対的な意味があるにとどまる。

＊12　ただし、整合性が高い大統領に分類されているのは一九九〇年代以降の三代の大統領であるため、分極化によってもたらされている結果を変革志向との整合性によるものと誤解する、あるいはその反対といった「見かけの相関」が生じている可能性は残る。

＊13　オバマ政権の医療保険改革については、天野（二〇一三）、山岸（二〇一四）を参照。

第五章
議会多数党の交代は何をもたらすか

バラク・オバマは、二〇〇九年の政権発足後、医療保険改革をはじめとする政策課題について、もっぱら議会民主党の支持を確保しながら取り組んだ。その背景には、頑なまでにオバマとの協調を避けた共和党の姿勢があったことは間違いない。オバマを「首相的」と評価すべきかどうかはともかく、政党間対立が激しく、かつ自らの所属政党が連邦議会でも多数を確保できているのであれば、それを頼みにするのは大統領として当然であっただろう。他方でそれはかつて、アメリカは共和党の強い「赤い州」と民主党の強い「青い州」を寄せ集めたものではなく、あるのは「一つのアメリカ」だと力強く語った政治家とは思えない、党派的なアプローチという側面を持っていた。

その代価支払いは予想以上に早く、かつ大規模に訪れた。二〇一〇年の中間選挙において、共和党が四年ぶりに下院多数党の座を奪い返したのである。中間選挙の翌日、オバマは次のように語ったという。[*1]

「どちらの政党も、これからどこに向かうのかを指示することはできない」

「私たちは共通点を見つけ出さねばならない」

「私は過去においても妥協を望んできたし、今後もそれは変わらない」


これをオバマの豹変《ひょうへん》と嘲笑することはたやすいかもしれない。だが、現代大統領制のディレンマを解く鍵の一つは、大統領と連邦議会との協調関係の構築、さらにはそれを通じた大統領支持の多数派形成であることに思いを致せば、彼がこのような発言をしたことも肯けよう。

政権側あるいは議会側に大きな変化が生じたときは、新しい関係を築く好機である。もちろん、それまで大統領と議会の間に協調関係が十分に構築されていたのだとすれば、変化は危機にも転じうる。前章で検討した政権交代直後は、大統領と議会の関係が大きく変わりうる機会の典型であった。今日では、新大統領の就任直後であっても有権者が大統領の積極的なイニシアティヴによる大胆な政策転換を期待しているとは言い切れず、そのような期待が比較的高い水準で存在していた過去よりも、政権交代を活用した議会との関係変化は生じにくくなっている。

連邦議会の多数党が交代するときもまた、議会側の大きな変化として大統領と議会の関係に影響を及ぼす典型的な局面ということになろう。二大政党間の激しい競争関係という印象とは裏腹に、アメリカの場合、連邦議会における多数党交代はそれほど頻繁には起こっていなかった。むしろ、フランクリン・ローズヴェルト政権が始まったニューディール期以降は、一九九〇年代前半まで民主党が両院で多数党である時代がほぼ一貫して続いた。しかし、ビル・クリントン政権期の九四年中間選挙において、共和党が両院での多数党の座を四〇年ぶりに回復してからは、多数党交代の頻度はそれまでよりも明らかに高まっている。今日のアメリカでは、多数党交代は政権交代と同じように定期的に起きる現象になりつつある。

多数党交代がアメリカ政治の日常風景になりつつあるとして、それはどのような変化をもたらすのだろうか。とりわけ大統領にとって、多数党交代は何を意味するのだろうか。本章では、連邦議会の多数党交代に注目することで、現代大統領制のディレンマが今日のアメリカ政治においてどのような影響を与えているのかを、前章に引き続いてデータや事例から検討する。より具体的には、民主党による四〇年間の下院過半数が打ち破られて共和党が多数党に復帰した一九九五年から九六年にかけてと、その後の一二年間の共和党多数、四年間の民主党多数を経て、再び共和党が多数党となった二〇一一年から一二年にかけての議会内過程についての比較分析を試みる。

一 多数党交代と立法過程

(1) 多数党交代の歴史

アメリカは、合衆国憲法が制定されて最初の大統領選挙と議会選挙が行われた一七八九年から、定期的な政権交代があることで知られている。[*2] 大統領制を採用するアメリカにおいて、政権交代とは所属政党の異なる大統領の選出と就任であると本書では定義しているが、連邦議会における変動を考える上では、四年ごとの大統領選挙ではなく二年ごとの議会選挙に注目せねばならない。選挙の結果として連邦議会の多数党が交代することを、ここでは多数党交代と呼ぶことにしよう。多数党交代は、民主党と共和党によって上位二党が構成されるようになった一八五四年の中間選挙から二〇一四年中間選挙までの期間に限ってみても、上院で一七回、下院で一八回起こっている。[*3] この間に議会選挙は八一回実施されており、平均すると上院は四・八回に一度、下院は四・五回に一度の頻度で多数党交代が生じていることになる。単純計算でいえば、両院とも約一

表5・1　多数党交代の頻度　1854-2014年

選挙の時期	連邦議会選挙の回数	上院での多数党交代	下院での多数党交代	政権党の交代
1854-1898	23	5	8	5
1900-1966	34	7	7	5
1968-2014	24	5	3	6
合計	81	17	18	16

（註）　議会選挙は2年に1回、大統領選挙は4年に1回の実施。同数で並んだ場合を含まず。
（出典）Ornstein, Mann, Malbin, Rugg and Wakerman (2014: table 1-19); Stanley and Niemi (2015: table 6-1) より筆者作成。ただし、2014年中間選挙の結果を追加している。

〇年に一度、多数党が交代しているのである。政権党の入れ替わりを伴う大統領の交代が、第二次世界大戦後にはほぼ八年に一度起こっていることに比べれば少ないにしても、決して珍しい出来事というわけではない。

しかし、平均値のみで実態が語り尽くせるわけではない。先に挙げた多数党交代の回数と頻度は、時期によってかなりの差異が見られるからである。表5・1を見よう。

まず、一九世紀後半は多数党交代が比較的起こりやすい時期であった。アメリカ政党史においてこの時期は、第二章でふれたフェデラリスツとリパブリカンズという二大政党の成立を第一次政党制、一八二〇年代にリパブリカンズが分裂して民主党とホイッグ党という二大政党の争いになった第二次政党制に続く、第三次政党制の時代とされる。第三次政党制の下では、南北戦争の直前に形成された民主党と共和党の二大政党制がまだ必ずしも安定していなかった上に、大陸横断鉄道の開通などに伴う西部開拓の進展、東部から中西部における工業地域の形成とそこへの移民人口の流入、さらには南北戦争後の南部社会の変容など、社会経済の急激な変化を受けて、政党政治もまた大きな変動期にあったのである（岡山　二〇〇五）。エイブラハム・リンカーンが南北戦争直後に暗殺されてからは、傑出した政治家があまり出なくなったことも、この時期の特徴かもしれない。

その後、多数党交代は減少する。一九世紀末には、それまでと同じく民主党と共和党が争いながらも共和党が優位に立つ第四次政党制が始まった。しかし、経済的自由を信奉する共和党は一九二九年に起こった大恐慌に対して有効な対策を打つことができず、有権者の激しい失望を招いた。大恐慌に際して住む家を失った人々が公園などに建てたテントが、当時の大統領であったハーバート・フーヴァーの名前をとって、「フーヴァー村」と俗称されたことは象徴的であった。結果として政党間の勢力バランスは大きく変わり、フランクリン・ローズヴェルトが大統領に当選した一九三二年選挙とニューディール政策を機に、連邦議会を含め民主党が優位に立つ第五次政党制へとつながった。優位する政党は異なっていても、第四次政党制や第五次政党制では民主党か共和党のどちらかが上回っていたために、議会においては一方の政党が多数を占める時期が長くなり、政権党の交代も起きにくくなった。[*4] 表5・1においてこれら二つの時期をまとめているのは、多数党交代や政権交代に注目すると、似たような特徴を持っているからである。

事態が複雑になるのは、一九六八年選挙以降のことである。六〇年代は公民権問題やヴェトナム戦争が深刻化し、学生運動や各種市民運動が盛んになった時期であった。これらは、経済政策において政府による再分配を重視するかどうかを軸にした従来の争点とは、異なった性質を帯びていた。そのため、南部白人層、都市労働者を中心とする社会経済的弱者、人種・文化・宗教的少数派などから構成されていた厚い支持基盤であるニューディール連合は分裂してしまう。たとえば南部白人層の多くにとっては、民主党のジョン・F・ケネディ政権が推進し、リンドン・ジョンソン政権と議会民主党によって成立した一九六四年公民権法などの人種差別撤廃立法は、すぐには受け入れがたいものであった。

ここにニューディール連合に立脚した民主党の優位は崩れ、共和党の巻き返しが始まる。とくに、この時期から人口増が目立つようになった南部諸州を新たな地盤とした共和党は大統領選挙において強く、一九六八年のリチャード・ニクソン当選を皮切りに、現在までの一二回のうち七回で勝利を収めている。しかし、共和党は議会選挙ではほとんど多数党になることができなかった。結果的に、政権党の交代に比べると多数党交代は少なくなった。より具体的にいえば、共和党多数の時期は、上院において一九八一年からの三会期（六年間）と九五年からの六会期（一二年間）、および二〇一五年に始まった現在の会期のみ、下院において一九九五年からの六会期（一二年間）と二〇一一年から現在までの三会期（六年間）に限られている。

政党間の勢力関係という観点からいえば、大統領選挙と議会選挙の結果には食い違いが目立つようになり、大統領の所属政党と議会の少なくとも一院で多数党が異なる状態である分割政府が頻繁に生じるようになった。それを第六次政党制と呼ぶべきなのか、呼べるとすればそこにはどのような特徴があったのか、そしてそれは既に終わったのか。現在まで明確な答えは出ていない。

（2）分割政府が持つ意味の変化

第三章において検討を加えたように、アメリカにおける今日の分割政府は、次の二つの要因の影響によって、かつてとは異なっている。

一つは、二〇世紀以降に多くの国々で生じた「大統領制の現代化」とは異なるが、アメリカの大統領制もまた現代化に通じる変化を経験したことである。大統領制の現代化とは、主として法案などの提案権の付与によって大統領の制度的権限を強化することで、政策過程の主導権を大統領に握らせ、議会は事実上の拒否権のみを持つようにするものであった。もちろん、提案権を実質化するために、大統領の下にいる官僚たちの政策立案能力も飛躍的に高められた。アメリカの場合にも、予算教書制度とそれを準備する予算局の創設に代表されるように、提案権に近似した影響力行使の資源は与えられた。フランクリン・ローズヴェルト政権以降の大統領府とそのスタッフの拡充も、顕著な変化であった。

しかし、憲法典の明文改正などは行われず、制度変化の程度は他国に比べると小さかった。そのため、アメリカにおける大統領の影響力行使は、主要アクター間の合意や議会内政党のあり方に依存する部分が大きいまま残された。本書にいう現代大統領制のディレンマを解く鍵は、大統領と議会内政党の関係にあるとさえいえる。政権党が議会両院で十分な議席を確保できているかどうかの意味は、かつてに比べると飛躍的に高まっている。

もう一つは、政党システムと政党内部組織という観点から考えた場合に、アメリカでは一九八〇年代以降に政党内部組織の変化が生じ、凝集性によるまとまり（一体性）が確保されるようになったことである。その背景には、既に第三章でも述べたように、民主党と共和党それぞれの支持基盤が純化され、民主党には社会経済的課題への政府の積極的役割と文化的争点での寛容を求めるリベラル層が、共和党には市場経済を重視し伝統的な文化規範を重視する保守層が、それぞれ結集するようになったことがある。従来、一体性がない政党の典型とされたアメリカの二大政党は、今日では比較的高い水準の凝集性を示すようになっている。

それは、民主党＝リベラル、共和党＝保守という比較的単純な構図が成立したということでもある。近年しばしば指摘される、政党間対立の激化、アメリカ政治の分極化と呼ばれる現象は、最も直接的にはこのことを指している。それは政党執行部が主導する規律が確保されていることとは異なっており、イデオロギー的対立としての色彩が極めて強い。

このような理解に基づけば、アメリカの分割政府は、政党の一体性が存在しなかった時期と凝集性を高めた時期によって、先に第三章で掲げた表3・2の異なった類型に属することが明らかになる。アメリカの場合、政党システムに関しては二大政党制が維持されているが、政党内部組織に関しては一体性が弱い状態（表3・2の左下）から凝集性による一体性がある状態（表3・2の左中央）へと、一九八〇年代に類型が移動したのである。

そのため、たとえば「戦後アメリカ」という区切りを設けて、長期にわたるアメリカ一国の分析を行ったとしても、一体性がない時期と凝集性が高まった時期の帰結が相殺されることになり、実際に何が起こっているのかは分からないであろうことが予測される。また、これは実際に生じたこと同士の比較ではなく仮定からの推測を含むが、イデオロギーによって凝集した政党が政策決定における中心的役割を果たしている状態、すなわち「条件付き政党政府」が成立しているとしても、それを規律によって一体性が確保されている場合（表3・2の左上）に比べると、分割政府になることに伴う政策過程の行き詰まりは、なお緩和の余地があるとも考えられる。

実際に起こった現象は、政党内部組織の変化による類型移動を示唆している。ごく簡単なデータを提示しておこう。ここで利用するのは、前章と同じく、連邦議会の採決において大統領が明確な賛否を示した場合に、それが実際の採決結果と一致している比率を示す大統領勝率データである。まず、図5・1には一九六七年以降の大統領勝率自体の変化を示した。続いて表5・2に

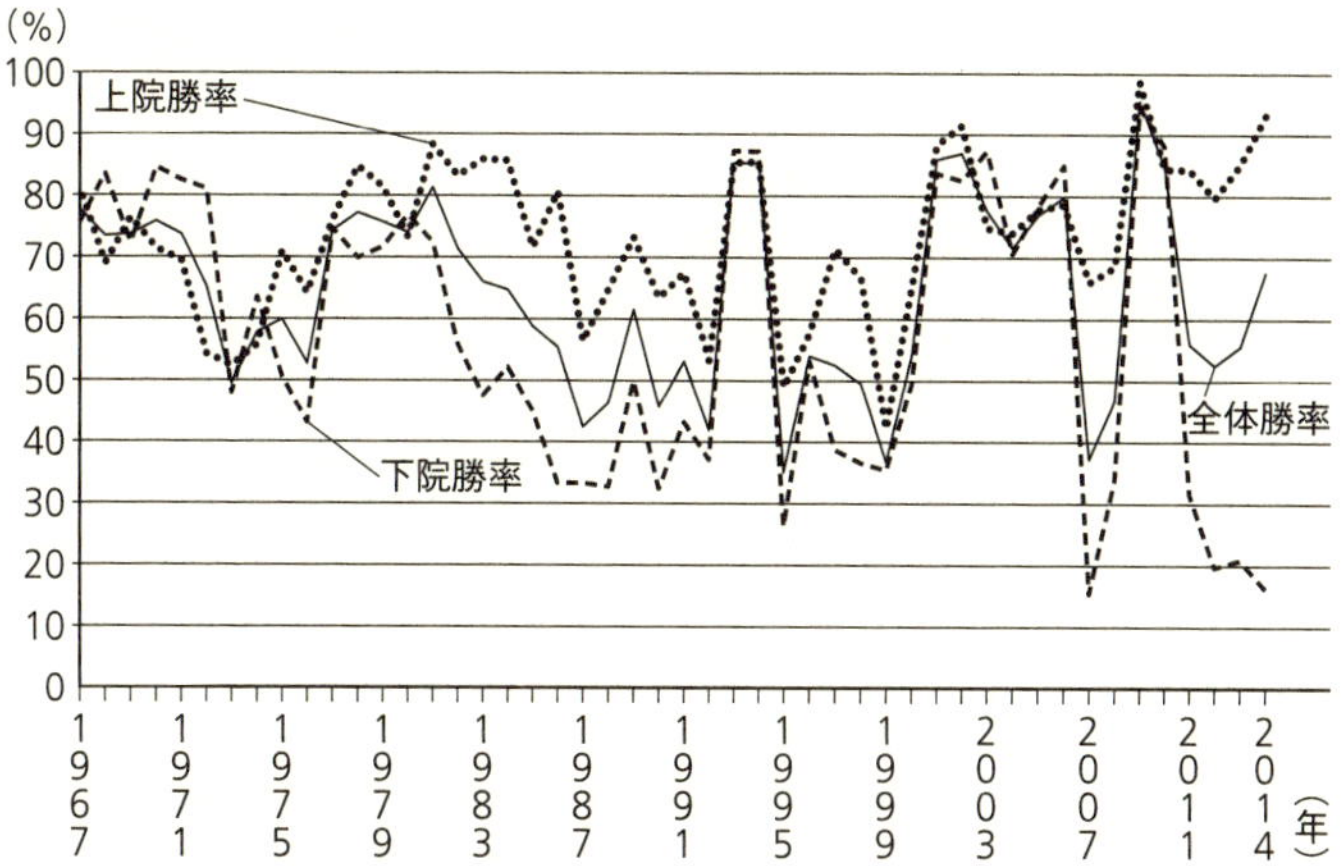

図5・1　大統領勝率の推移　1967-2014年

(出典) Stanley and Niemi (2015: table 6-7) より筆者作成。

表5・2　統一政府と分割政府の場合の大統領勝率とその差　1961-2014年

	統一政府	分割政府	差異
1961-1970年	83.39%	75.85%	7.54 pt
1971-1980年	76.40%	60.90%	15.50 pt
1981-1990年		60.40%	
1991-2000年	86.40%	48.19%	38.21 pt
2001-2010年	82.12%	61.88%	20.23 pt
2011-2014年		59.03%	

(註1) 1981-1990年と2011年以降には、統一政府の事例は存在しない。

(註2) 2001-2010年の分割政府には、9・11テロ直後に超党派的結束が極端に強まった2001年と02年が含まれている。これらを特異事例として除くと、差異は39.07ポイントになる。数値は四捨五入。

(出典) 図5・1と同じデータから、筆者が算出して作成。

は一九六一年から二〇一四年までを一〇年区切りとして、それぞれの期間の統一政府と分割政府の場合における、大統領勝率の平均値と差異を示した。このデータでは上院のみ、あるいは下院のみにおいて非政権党が多数を占める場合がすべて分割政府に含まれている。

表5・3　「純粋な分割政府」における大統領勝率の変動　1961-2014年

1961-1970年	75.85%
1971-1980年	60.90%
1981-1990年	50.08%
1991-2000年	48.19%
2001年以降	43.05%

（註）「純粋な」分割政府とは、分割政府のうち一院は政権党が多数党である場合を除いたもの。対象期間において2011年以降は存在しないので、最下段を「2001年以降」としている。
（出典）図5・1と同じデータから、筆者が算出して作成。

そこで表5・3には、同じデータから一院では政権党が過半数を占めている時期を除いた「純粋な分割政府」のみを取り上げて、大統領勝率の変化を示した。これらの図表により、一九九〇年代に議会共和党が多数党化した頃から強まったとされる二大政党間の分極化よりも前から、統一政府と分割政府による部門間対立の程度の違いは強まっていたことが分かる。すなわち、分割政府と統一政府による大統領勝率の違いは、ケネディやジョンソンが大統領を務めた一九六〇年代には七・五四ポイントに過ぎなかったものが、ニクソンやジミー・カーターが政権を担った七〇年代には一五・五〇ポイントと倍増し、ビル・クリントンが該当する九〇年代に至ると三八・二一ポイントにまで拡大していた。図5・1におけるグラフが近年になるほど乱高下しているのは、このような違いによる。

ジョージ・W・ブッシュとバラク・オバマという直近二代の大統領が含まれる二〇〇一年以降の期間は、表5・2を見る限りでは差異が縮小したように見える。しかし、二〇〇一年に起こった九・一一テロの影響により、超党派で大統領を支持する傾向が強まった二〇〇一、〇二年が表5・2のデータには含まれており、これら両年を除くと、統一政府と分割政府の差異は三九・〇七ポイントにまで達する。それに整合するように、「純粋な分割政府」における大統領勝率は、時期を追うごとに低下傾向にある。

このような変化は、同じように分割政府に直面した場合であっても、近年に至るほど大統領勝率が低下することを意味している。連邦議会における二大政党間の議席数差は、それ以前に民主党が圧倒的な優位に立っていた時代と比べた場合に、一九八〇年代以降むしろ縮小傾向にある。それを考え合わせると、分割政府が大統領にとっての制約となる程度は、六〇年代や七〇年代に比べて今日はるかに大きくなっていること、そしてその傾向はロナルド・レーガンが大統領であった八〇年代には既に始まっていたことが明らかである。タイミングとしては、分極化が注目されるようになった九〇年代半ばよりも、二大政党内部の凝集性が高まり始めた時期に重なる。

(3) 分析の対象

歴史的な展開をこのように見てくると、今日まで続く二大政党が成立した後のアメリカ連邦議会における多数党交代には三つの時期が存在し、それぞれに異なった意味を持っていることが分かる。すなわち、第一は一九世紀後半であり、二大政党間の勢力関係が相対的に流動的であったために頻繁な多数党交代が見られた時期である。第二が二〇世紀前半、より具体的には一九六六年中間選挙までの時期で、二大政党間の関係は長期にわたって安定していたために多数党交代も少なくなった時期だということができる。そして第三が六八年選挙から今日までの時期を指す。そこでは、二大政党のいずれもが優位を確立できていないという意味で政党間の勢力関係は流動化しているにもかかわらず、議会での多数党交代は多く起こってはいないという特徴を示し、かつ八〇年代以降になると二大政党内部の凝集性が高まっている。

多数党交代の意味という点で、現在を含む第三の時期が一九六六年以前と大きく異なったものであることは、ここまでの議論から容易に推察される。過去には、大統領選挙と連邦議会選挙の双方で優位に立つ政党が出現すると、多数党交代の頻度は低下しており、多数党交代はある政党の優位の表現であることが多かった。しかし、二大政党内部の凝集性の高まりと政党間対立の深刻化を考慮に入れれば、今日の多数党交代には二大政党間の優勢・劣勢とは重なり合わない、従来とは異なった意味があると考えねばならない。したがって以下の本章では、六八年選挙以降の時期のみを視野に入れて、現代における多数党交代についての検討を進めることにしたい。

具体的な分析の対象は、ビル・クリントン政権期の一九九四年中間選挙直後に当たる九五年の下院多数党交代と、オバマ政権期の二〇一〇年中間選挙直後である一一年の下院多数党交代である。これら二回の多数党交代には、いくつかの共通点がある。

一つには、民主党政権期にあって共和党が下院の過半数を占めることにより実現した多数党交代だということである。別の言い方をすれば、民主党政権と共和党多数議会の組み合わせという分割政府を作り出した多数党交代であった。もう一つには、共和党が鮮明な保守イデオロギーを掲げて中間選挙を戦ったことである。九四年にはニュート・ギングリッチが中心になって『アメリカとの契約』という統一公約を作成し、二〇一〇年にはティーパーティ運動が旋風を巻き起こした。この点は第三の共通した特徴とも関連する。中間選挙で共和党が保守イデオロギーを前面に打ち出した背景には、直前の二年間に民主党政権が医療保険制度改革をはじめとするリベラルな政策路線を取ったことがあった。リベラルと保守の相互作用によって、二大政党間の懸隔がそれ以前に比べて強まったという点でも、九五年と二〇一一年には共通性が見られる。ただし、政党間関係の分極化は二〇一一年の方が進行しており、そのことが一九九五年とは異なる展開を導く可能性もあるだろう。

二　対立と協調を分ける要因

(1) 大統領の権限と政党の一体性

第三章で示した比較政治学的枠組みから、大統領制の下での議会多数党の交代が持つ意味を考えておきたい。大統領制の場合、政権の担い手（執政長官）である大統領は議会とは別個に公選されているため、議会での多数党交代と政権交代は切り離されている。政権交代が起こらずに多数党交代が生じる場合、政権党が議会少数党から多数党になるか、多数党から少数党になるかのいずれかである。自らの所属政党が議会多数党なのか少数党なのかは、大統領が対議会対策を考える際にも大きな意味を持つことは明らかであろう。大統領の成功の鍵を握る議会での多数派形成にとって、議会多数党の交代がもたらす影響は小さくない。

とはいえ、議会多数党の交代が、大統領の成功にとって常に同じ程度の影響を及ぼすわけではない。第三章において既に検討したことを改めて述べておけば、国際比較の観点からは大統領制には豊富なヴァリエーションが存在するため、議会での多数派形成が政策過程のあり方に与える影響は、次の二つの要因によって変化すると考えられている。

一つは、大統領の権限である。大統領が議会に対して権限配分上優位に立つ場合には、議会での多数派形成の意味は低下する。大統領緊急命令（デクレ）によって立法が一時的に代替できるような場合はもちろんのこと、予算の排他的提案権や議会通過法案に対する部分的拒否権を与えられている大統領は、議会側との交渉に際して資源（権限や取引材料）を多く持つ状態にあり、対立が生じても部分的な譲歩によって議会側の妥協を引き出せる可能性が高まる。日本の地方政府はその例であり、執政長官である首長側に有利な資源配分となっているために、議会は首長に全面的に対抗して代替的な政策を追求するよりも、同じ政策路線の中でミクロ的な分配に自らの選好を反映させることを優先させる傾向が生じる。[*5]

もう一つは、議会における政党の一体性である。議員が所属政党を単位とした行動をとるほどに、多数派形成における流動性は低下する。大統領側から見れば、自らの所属政党が議会多数党であるときには大統領の望む政策を実現させやすくなる一方で、少数党になってしまった場合には影響力行使の機会が大きく制約されることを意味する。このような例として韓国がある。韓国の場合、大統領制の下で議会内政党が所属議員に党議拘束をかけるため、分割政府になると政策過程が行き詰まりやすい。そこで、局面を打開するために議会選挙とは切り離された形での政党再編が行われやすいという（浅羽　二〇〇九）。議案ごとの多数派形成を行うのではなく、組織としての政党そのものを改編することで流動性を高めるという方法である。

（2）三つの仮説

アメリカの大統領制は、合衆国憲法の規定をはじめとする制度構造上、議会の暴走を大統領が抑止することを狙いとする古典的大統領制としての特徴を保つ。時代が下って、今日では大統領が政策過程の主導権を握ろうとする場面が増え、有権者もそれに期待するようになっている。だが、古典的大統領制としての制度的特徴が消滅したわけではない。したがって、大統領の政策推進にとって連邦議会との協調は不可欠だが、それだけに政権交代なき多数党交代の影響を受けやすいと考えられる。それは具体的にどのような点についてだろうか。ここまでに述べてきたところから、いくつかの考え方（仮説）が提起できよう。

一つには、多数党交代は新たに多数党になった政党が提唱する政策を実現するよりも、これまでの多数党あるいは政権党が提唱する政策に対する抑止の効果が大きいという考え方がある。だとすれば、議会での立法が円滑に進まなくなると予測される。

現代のアメリカの政策過程は、大統領が主導しようとする政策に対して連邦議会からの協力を得られるかどうかが大きな焦点になっている。議会側からの積極的な政策展開はあまり行われないか、行われたとしても不首尾に終わる可能性が高い。議会内政党のイデオロギー的同質性（凝集性）は高まっているものの、選挙区や個別利益の代表者であるという議員の基本的な位置づけが変わっていないために、具体的な政策を新たな多数党が単独で打ち出すことは難しいからである。むしろ、分割政府化を伴う今日の多数党交代は、議会内で大統領を支持する多数派の形成を抑止し、大統領が望む政策の実現を阻止するところに最大の効果をもたらすものと考えられる。それは法案の成立率が下がる形をとるであろうから、この考え方を「立法生産性低下仮説」と呼ぼう。

もう一つの考え方は、議会多数党になった政党の内部組織に注目するものである。すなわち、新しい多数党による大統領への強い対抗ないしは抑止がどの程度の期間継続するかについては、多数党内での組織構造に依存するであろうと考える。

多数党交代をもたらした議会選挙での勝利が、勝った党の執行部の功績だと認識されている場合には、執行部への一般議員の支持が厚く、多数党の運営はさしあたり執行部中心となる。そのため、執行部の判断によっては比較的早い段階で対決路線一辺倒ではなくなることもありうる。これは、当選回数を重ねたヴェテラン議員ほど、自らの再選だけではなく連邦議会が制度上本来的に担っている政策決定の責任を担おうとするため、そのような議員が多数含まれる執行部であれば、早い段階で一般議員より政権に対して宥和《ゆうわ》的になると考えられることによる。逆に、一般議員からのボトムアップが党運営の実質的な原則になっている場合や、執行部が宥和路線を採用する意思を持たない場合には、大統領への対抗や抑止は長引く可能性が高い。これは「多数党組織仮説」と名付けよう。

さらに別の考え方として、新たな多数党は議会内におけるそれまでの多数党が行ってきた議事運営を受け継ぎつつも、より多数党に有利なものに変革することを試みるであろう、という推測も成り立つ。

既に見たように、今日の多数党交代は統一政府から分割政府への変化を伴っており、新しい多数党から見た場合には古い多数党は大統領と一体になって望ましくない政策を展開してきた存在である。アメリカ連邦議会の場合、議院規則や慣行によって、下院議長やすべての委員長ポストの独占など、多数党が積極的にアジェンダ権力を行使できる仕組みが整えられている（Cox and McCubbins 2005, 2006）。アジェンダ権力とは、議会で何を取り上げ、どのように話し合って決めるか、すなわち議題設定と議事運営手続きに関する影響力である。新しい多数党もまた、アジェンダ権力の行使を通じて政権側への対抗を図ろうとするであろうし、少数党に対して徹底的に不利な取り扱いを行うであろう。これは「議事運営変化仮説」とまとめることができる。

以下では、これら三つの仮説が妥当するかどうかについて、一九九五年と二〇一一年の多数党交代について、データと事例叙述の二つの方法で比較しながら検討を加えることにしたい。

三　データから見た多数党交代

(1) 法案通過率の動き

まず、二回の多数党交代が議会内過程にそれぞれどのような特徴を与えているのかについて、簡単な数量データから考えることにしたい。

具体的な対象として次の二つの指標を見よう。一つは法案通過率、すなわち議会に提出された法案のうちどの程度が通過しているか、である。連邦議会の場合、各議員が簡単に法案を提出できるため、通過率は低くなりがちだが、その低さ自体にはあまり大きな意味はない。それでも、委員長ポストなどにその委員会の所轄事項や運営に習熟した長期在任者が就く仕組み（先任者優先制）が揺らいだ一九八〇年代前半には通過率が低下し、その後に多数党執行部の役割が増大すると通過率が上昇するなど、連邦議会がどのくらい立法成果を生み出せているか（立法生産性）に関する手がかりとはなる。[*6] なお、立法生産性という概念は議会がどれだけの法案を成立させたかに注目するものだから、厳密にいえば大統領の署名を経て成立した法案数やその比率で数えた方がよいかもしれない。だが、大統領の署名や拒否権行使は議会の活動とは独立して行われるため、議会内過程の特徴を理解する指標としては通過率データの方が適切であろう。

表5・4　分割政府1年目、2年目と下院の法案・決議の通過率の変動

		1995年	1996年	2011年	2012年
提案数	法案	2840	1504	3756	2967
	合同決議案	137	61	97	25
	計	2977	1565	3853	2992
通過数	上院提出法案	34	50	21	55
	下院提出法案	214	276	190	301
	上院提出合同決議案	0	4	4	2
	下院提出合同決議案	15	18	7	4
	計	263	348	222	362
通過率	(通過数／提案数)×100	8.8%	22.2%	5.8%	12.1%

(註)　提案数、通過数に含める議案カテゴリの定義については、Ornstein, Mann, Malbin, Rugg and Wakeman (2014: table 6-1) に合わせた。したがって、たとえば1995年と1996年の提案数の合計は、同書の "Bills introduced" の第104会期の数値と同じである。

(出典) *Congressional Record, Daily Digest,* January 7, 1997; January 3, 2012; January 3, 2013.

表5・4には、一九九五年と二〇一一年の多数党交代から次の選挙までの二年間について、下院が提出法案のうちどれだけを通過させたかを示した。この表から明らかなように、多数党交代の初年についてよりも、二年目の違いが顕著である。九六年と一二年にはいずれも前年に比べて立法生産性が回復してはいるが、一二年の回復傾向は微弱にとどまっている。このことから、九六年には議会共和党執行部が秋の選挙を意識して政権側との妥協を含め立法成果を挙げることに注力したのに対して、一二年の場合にはそのような動きが弱かったことが示唆される。

（2）大統領勝率の動き

もう一つの指標は前章でも見た大統領勝率、すなわち大統領が賛否を明らかにした投票のうちどの程度が議会多数派の支持を得ているかである。現代大統領制のディレンマを考えるとき、この指標の動きは大きな意味を持つ。議会で行われる点呼投票において、大統領が賛否を表明するのは全体の一割程度だが、主要法案の修正や最終採決に関してはしばしば表明が行われる。このような賛否表明は法的拘束力があるわけではないため、大統領の明らかにした賛否と議会多数派の賛否が異なることがありうる。前章以来述べているように、大統領の表明した賛否と議会多数派の賛否が合致した場合に大統領は勝利したと考え、その件数を表明件数で割った値が大統領勝率とされる。

表5・5には、表5・2と同じように一九九五年と九六年（ビル・クリントン）および二〇一一年と一二年（オバマ）について、大統領の賛否表明件数と勝率をまとめた。ここでも、多数党交代の初年である九五年と一一年が近似する一方で、二年目に当たる九六年と一二年になると勝率に大きな差が生じたことが分かる。

表5・5　分割政府1年目、2年目と下院での大統領勝率の変動

	1995年	1996年	2011年	2012年
賛否表明数	133	79	95	61
大統領勝率	26.3%	53.2%	36.1%	19.7%

（出典）Ornstein, Mann, Malbin, Rugg and Wakeman (2014: table 8-1)

大統領勝率は九六年の場合には前年に比べて上昇したが、一二年の場合には低下している。このような指標の動きは、先に見た立法生産性の変化と重なり合う。二〇一一年の多数党交代の方が、民主党政権への議会共和党の対決姿勢は長く続いたのである。

対決姿勢を取り続けるだけでは有権者の支持は得られず、党全体としてマイナスの影響があると考えられるが、一一年と一二年の議会共和党には、そのような認識は強まらなかったということなのであろう。大統領としては近年稀に見るほど明確に党派色を打ち出したオバマへの反発もあったであろうが、二〇一〇年中間選挙での共和党の躍進にはティーパーティ運動の支援が大きかった以上、議会で政権側に安易な妥協を行うことは許されなかったのである。その意味で、二回の多数党交代には明らかに質的な差異が存在するように思われる。

構造的な要因としては、アメリカ政治の分極化の影響が指摘できる。分極化による二大政党それぞれの支持者の固定化を前提にすれば、一般的に低投票率で中道の無党派層の票に多くを期待できない中間選挙を前にして、支持層を確実に固めて活性化しておく意味は大きい。分極化の進行により、今日のアメリカの政党内部組織には、次回選挙での再選を意識する若手議員らが活動家（熱心な支持層）に応答して生じる、「ボトムアップによる規律」が生じつつあるのかもしれない。

四　一九九五年の多数党交代

(1) ギングリッチの「革命」

共和党は一九五〇年代以来、下院では少数党の状態が続き、上院でもレーガン政権期の八一年から八七年までの六年間を除いて少数党であった。ここまで繰り返し述べてきたことではあるが、六〇年代後半までは民主党の強固な支持基盤としてのニューディール連合が存続しており、アメリカ社会には連邦政府が主導して社会経済問題に取り組むべきだと考えるリベラル・コンセンサスも存在していた。しかし、ニューディール連合とリベラル・コンセンサスが崩壊し、「政府の失敗」が語られるようになった七〇年代以降にも、連邦議会における共和党の勢力は十分回復しなかった。議会共和党内には、民主党が半永久的な多数党であることを容認しつつ、二大政党間の協調あるいは民主党内の保守派との提携によって共和党の主張する政策を実現すればよい、という考え方が根強く存在した。*7

このような状況を打破しようとしたのが、共和党内の若手保守派グループであった。一九七八年中間選挙で下院に初当選したニュート・ギングリッチを中心として、八三年に保守派機会協会

（COS）が結成され、レーガンの大統領当選などによって正当に評価されつつある保守イデオロギーを議会でも前面に打ち出すべきであるとの主張がなされるようになった。COSは民主党に対して宥和的な姿勢を取ることを拒み、当時本格的に始まった本会議のテレビ中継などを活用して、民主党とリベラル派への批判を共和党支持層に浸透させた。八九年には政治倫理問題で当時のジム・ライト下院議長を辞任に追い込むなどの成果を挙げ、それに合わせてギングリッチらCOSの中心人物たちは共和党内でも執行部の要職を占めるようになっていった（Owens 1998; Sinclair 2000; Aldrich and Rohde 2005）。

一九九四年中間選挙を前に、下院共和党の序列第二位に当たる院内幹事に就いていたギングリッチは、民主党過半数の継続を阻止するため、従来の連邦議会選挙にはない戦術を採用した。それは、公認候補者の統一公約としての『アメリカとの契約』である。この文書には一〇項目が主要公約として挙げられていた。具体的には、予算均衡と大統領への項目別拒否権の付与、犯罪抑止、福祉改革、児童保護、減税、国防強化、高齢者への社会給付の所得制限緩和、経済成長と規制改革、司法改革、連邦議会の議員任期制限であった。統一公約はイギリスや日本の政党が提示するマニフェストに比べれば細部や具体策への言及は少ないが、アメリカの政党としては、そもそものような公約を作成すること自体が極めて異例であった。政党はイデオロギー的凝集性によるまとまりが強まっていたとはいえ、連邦議会における政党の役割や歴史的な代表観とも異なっていたからである。共和党が多数党の座を回復した折には、これらを法案化して優先的に実現させるというのが、ギングリッチらの方針であった（Sinclair 2006）。

共和党は大きな勝利を収めた。一九五八年中間選挙以降、共和党は下院で二〇〇議席を超えることが一度もなかったのだが、今回は二三〇議席にまで達した。それを上回る議席数は、ニューディール以降では一九四六年中間選挙で一度得ただけであった。上院でも五三議席を獲得して、一九五三年からの第八三議会以来となる両院多数党の地位を獲得した。かくして四〇年ぶりとなる全面的な多数党交代を果たし、下院議長や両院の委員長ポストなど議会運営上大きな意味を持つ役職は、すべて共和党議員によって占められることになった。下院議長に就任したのはギングリッチである。選挙前に党内序列第一位の院内総務であったボブ・マイケルが引退したため、院内幹事のギングリッチが一足飛びに議長の座を射止めたのであった。

（2）ビル・クリントン政権との対決

ギングリッチは「首相的下院議長」を標榜《ひょうぼう》し、アジェンダ権力を駆使した議会運営を目指した。そのために、一九七〇年代以降に改革が進んでいたものの、なお相対的に高い自律性を保っていた各委員会と委員長の権限を大幅に縮小した。その上で、委員長ポストの割当は単純な先任者優先制によらず、在任上限を三期までとした上で、共和党執行部の意向に忠実であれば若手議員でも就任できるようにした。歳出予算委員会などの重要委員会の委員ポストも同様であった(Owens 1998; Sinclair 2006)。

しかし、その前にはビル・クリントン政権が立ちはだかっていた。中間選挙敗北の大きな理由の一つは、医療保険制度改革などに取り組む政権の姿勢が有権者にとってはリベラルすぎると判断されたことにあったが、だからといって政権側は議会共和党の言いなりになるつもりはなかった。とりわけ、公約していた福祉プログラムの改革のために根拠法の改正を行うのではなく、各年度の財政運営に不可欠な歳出予算法案に計上する額を大幅に削減するという共和党の手法は、あまりにも便宜的であるとして認められるものではなかった。ビル・クリントンは議会を通過した歳出予算法案だけではなく、暫定予算に当たる継続決議にも拒否権を行使して、一九九五年秋から冬にかけて連邦政府を無予算の状態にした。無予算状態になれば連邦政府の一部閉鎖が起こり、職員の出勤待機も行われることになる。当然その責任を追及する声が上がるが、矛先が政権と議会共和党のどちらに向かうのかは賭けだといえた。

ここで勝ったのはビル・クリントンであった。連邦政府の一部が閉鎖された後、大多数の有権者は、非は議会共和党にあるとした。世論調査において議会共和党への印象が悪化したと回答する有権者も過半数を大きく超えた。マスメディアも似た立場をとっていた。無予算状態そのものは大統領の拒否権行使によって生じたとしても、行使せざるを得ない状況を作り出した議会共和党に、より大きな問題があると論じたのである。そこに、国家元首である大統領への無意識の敬愛や、ジョージ・ワシントン以来積み上げてきた政治指導者としての大統領に対する信頼があったのかどうかは分からない。ビル・クリントン政権側がそこまで見越していたというのも買いかぶりすぎだろう。だがともかく、世論と議会は大統領に軍配を上げた。個々の歳出予算法案や継続決議の内容にどちらの考え方がより反映されているか、ということ以前の問題として、議会共和党はアジェンダをコントロールできなかったのである。年が改まった一九九六年四月に至って、共和党側の大幅譲歩により歳出予算法は成立した。

連邦政府閉鎖問題が大きな失策となって以降、議会共和党は政権側との妥協や協調も含めて立法成果を確保する方針へと実質的に転換していった。最大の成果は、一九九六年福祉改革法であった。連邦政府が中心になり、法定受給適格者には義務的に給付を行うという従来の福祉政策は大きく転換し、州政府への権限移譲や職業訓練を受給要件に含めるといった、分権的で就労促進的な内容となったのである。これは、共和党の主張であっただけではなく、もともと一九八〇年代に「ニュー・デモクラット」と呼ばれ、連邦政府の役割を重視する伝統的なリベラル派とは一線を画そうとする姿勢が強かったビル・クリントンにも、十分に受け入れられる改革であった。後に違憲判決によって失効したが、項目別拒否権を大統領に付与した立法などでも、議会共和党と政権の協調という点では同じようなパターンが見られた。

とはいえ、このような方針転換は代価を伴うものであった。議会共和党内では、若手議員を中心として、一九九五年の予算編成をめぐる政権との対決に敗れて以降、ギングリッチへの信頼感は低下していった。九六年大統領選挙ではビル・クリントンの再選を許した上に、九八年中間選挙では大統領の個人スキャンダルを争点化しようとして失敗し、非政権党であるにもかかわらず議席を減らしたこともあって、過度に集権的な党運営を行いながら政権に妥協的すぎるとの批判が強まった。凝集性によってまとまっている政党組織を、トップダウンで運営するのは難しいのである。九八年中間選挙後、かねて政治倫理問題などが取り沙汰されていたこともあり、ギングリッチは新会期が始まる前に議長と下院議員を辞職すると発表した（Cohen and Barbash 2011）。

五　二〇一一年の多数党交代

（1）ティーパーティ旋風

二〇〇〇年の大統領選挙で僅差ながら勝利を収め、連邦議会でも両院で共和党多数の状態から出発したジョージ・W・ブッシュは、政権発足当初には内政重視の「思いやりのある保守主義」を掲げていた。だが、二〇〇一年九月の同時多発テロ事件以降には対テロ戦争へと急激に舵《かじ》を切った。アフガニスタンとイラクでの戦争は泥沼化し、テロ事件以前に決まっていた大規模減税と国防費の増大が相まって、財政悪化をもたらした。〇四年には再選されたものの、翌年にはハリケーン・カトリーナへの対応でも批判され、〇六年中間選挙では両院で民主党が過半数の議席を獲得するに至った。政権末期にはリーマンショックにも襲われて、完全に失速した状態で任期を終えた。

代わって登場したのは、民主党のオバマであった。若手上院議員だった彼は、「そうだ、やれるんだ（Yes We Can）」と「変革（change）」を掲げてダークホースから党内予備選挙を勝ち上がった。父親がケニア出身で彼はハワイ育ちという出自、ハーヴァード大学での学生時代やシカゴでの社会活動の頃から示していた理想主義的な言動、さらにはインターネットを活用した選挙戦術などを駆使して、従来は政治に対する関心が比較的弱いとされてきた若者やマイノリティからの圧倒的支持を集めた。ニューディール連合の崩壊以後、南部での共和党優位を許してきた民主党にとって、南部での州知事や連邦議会議員の経験を持たない候補者が大統領選挙での勝利をもたらしたのは、一九六〇年のジョン・F・ケネディ以来のことであった。民主党は連邦議会の両院でも多数党の座を維持した。オバマに対しては国際的な期待も極めて大きかった。長らく続いたアメリカ政治の保守化傾向には歯止めがかかり、再びリベラルと保守が均衡する時代、あるいはリベラルが優位に立つ時代が始まったとの見方すら登場した。

オバマの当選は、共和党にとっての打撃であった。議会多数党と政権を相次いで失っただけではなく、一九六〇年代から続いてきた共和党あるいは保守派の努力が水泡に帰してしまったという失望感が支持者たちを包んだ。そこからティーパーティ運動は生まれた。ティーパーティという名前の由来は、もちろん独立革命前夜のボストン茶会事件である。第一章で見たように、フレンチ・インディアン戦争終結後の植民地維持費用を課税強化で賄おうとしたイギリス本国政府への反発が、事件の背景にはあった。それと同じように、二〇〇八年のリーマンショック後に困窮する人々や企業への支援という名の下に、連邦政府が課税を強化し、再び「大きな政府」になろうとしているという反発、そしてそれを議会共和党が黙認してしまっているという怒りが、ティーパーティ運動につながったのである。

ティーパーティ運動は単一の主体や組織によるものではなく、各地に存在する運動体が弱い紐帯《ちゅうたい》でまとまっているに過ぎない「グラスルーツ反乱軍」である（中山　二〇一二）。オバマ政権下での緊急経済対策や医療保険改革を批判していることは間違いないにしても、対抗しようとしている相手がオバマ政権や民主党なのか、権力を握っている間に首都ワシントン政界に毒された共和党主流派なのかは判然としない。その主張も、共和党に以前から存在する保守派の立場を強調するのか、リバタリアニズム（自由至上主義）と見るべきなのかは見解が分かれており、結局は反「大きな政府」という共通項しかないという指摘も存在する（石川　二〇一二）。

しかし少なくとも、二〇一〇年中間選挙では、ティーパーティ運動が台風の目になったことは間違いなかった。運動参加者たちは、各選挙区での共和党予備選挙において穏健派の候補を退け、自らの主張に近い保守派の候補に公認を与える原動力となった（久保　二〇一二）。さらに一〇年四月には活動家の一人であるライアン・ヘッカーらが「アメリカからの契約（Contract from America）」なる公約集を提示した。[*8] この公約集がそのまま取り入れられたわけではなかったが、共和党は一九九四年中間選挙以来となる統一公約集『アメリカへの誓約（Pledge to America）』を下院選で提示し、オバマ政権の成果を否定する動きを強めた（吉野　二〇一一、廣瀬　二〇一二）。

選挙は共和党の勝利に終わった。下院では六二議席増の二四二議席を獲得して四年ぶりに多数党の地位を回復し、上院でも六議席増の四七議席へと勢力を伸ばした。ギングリッチが旋風を巻き起こした一九九四年中間選挙のときほどの鮮烈な印象はなかったにしても、下院の獲得議席数は一九四六年中間選挙以来の水準であり、連邦議会における民主党の優位が完全に過去のものになったことを示した。上院では過半数に達していなかったものの、フィリバスターと呼ばれる議事妨害を止めるための動議可決には六〇人の議員が賛成せねばならないため、共和党がまとまっている限りは民主党主導の議会運営を阻止できることになった（*CQ Almanac* 2010: 1-7）。過去二年間、オバマ政権と民主党の設定するアジェンダに対抗できなかった共和党は、有力な反撃の手段を与えられたのである。選挙での勝因としては、二〇〇八年にオバマを強く支持した若年層やマイノリティの投票率の低下が民主党に不利に作用したとも指摘されるが、ティーパーティ運動が無党派を含めた保守的な有権者の動員に成功したことも確かであった。*9

(2) 苦悩する共和党執行部

多数党交代を実現させた下院共和党は、オバマ政権に対する抵抗を徹底して行った。その端緒となったのが、会期初日に採択した新しい下院議院規則であった。連邦議会では会期ごとに議院規則を定めるが、今回の規則では法案の憲法上の根拠明示の義務づけや、義務的経費を増大させる法案の審議禁止などが、共和党議員のみの賛成によって採択された（廣瀬 二〇一二）。共和党には初当選議員は八七人いたが、その多くはティーパーティ運動からの支持を得ていた。彼らはヴェテランの保守派議員と協力しながら、二〇一〇年に成立していた医療保険改革法の廃止や財政支出削減、金融規制の緩和などを要求していた（*CQ Weekly*, January 9, 2012）。

その後の議会内過程において、ティーパーティ運動や彼らが支援する共和党議員がどの程度の影響力を行使したのかについては、論者によって評価が異なる。一方には、二〇一一年度の包括歳出予算法での削減額は政権案に比べて四〇〇億ドルに上っており、大幅であるという見方がある（廣瀬 二〇一二）。他方で、医療保険改革法の廃止は民主党多数の上院が反対して実現せず、財政支出削減についても包括歳出予算法と一二年度債務上限引き上げ法案という二回の機会の双方で政権側への譲歩を強いられたという分析もある（*CQ Weekly*, January 9, 2012）。議会共和党がオバマ政権と対立し続けたことは確かであるものの、最終的な決定内容への影響力行使という点ではティーパーティ運動にとって不満の残るものであったことは否定できないところであった。

二〇一二年に入っても状況はあまり変わらず、議会共和党内には執行部とティーパーティ系議員の対立が潜在しつつ、オバマ政権への対抗という点では両者が一致するという構図が続いた。一三年度の歳出予算法を一本も会計年度開始前には成立させないなど、議会共和党の強硬姿勢は顕著であった（*CQ Weekly*, January 14, 2013）。ジョン・ベイナー下院議長は妥協を一切排しているわけではなく、下院運営においてはむしろ、共和党の七五％と民主党の四〇％の議員が加わった多数派形成を追求する傾向にあるという指摘も存在する（吉野 二〇一二）。しかし、大統領選挙後に注目を集めた「財政の崖」問題、すなわち減税の打ち切りと歳出の強制削減による急激な経済収縮の問題をめぐる協議がそうであったように、共和党執行部がオバマ政権との交渉に踏み込もうとしても、党内からの反発が強く抵抗路線に回帰するという展開も少なくなかった。[*10] 非妥協的なティーパーティ系議員の抵抗は強く、執行部が板挟みになる局面も多かった（Mann and Ornstein

2012）。そこに見られるのは、依然として凝集性に基づく一体性ではあるが、先に検討した一九九〇年代半ばに比べると、凝集性が「ボトムアップによる規律」に転化しつつある政党組織の姿なのかもしれない。

本章では、現代大統領制のディレンマにとって連邦議会の多数党交代がいかなる意味を持つのかについて、民主党政権の下で一九九五年と二〇一一年に共和党が多数党になった事例を取り上げて検討を加えてきた。改めて知見を整理しておこう。

まず、多数党交代は議会における法案通過率の低下をもたらす、という「立法生産性低下仮説」については、ほぼ確かめられた。議会共和党の場合、多数党交代を実現させた一九九四年と二〇一〇年の中間選挙では、いずれも連邦議会選挙としては例外的な統一公約を掲げていた。しかし実際に会期が始まると、それを立法成果につなげるよりも、政権側との対決姿勢を取ることが重視された。多数党交代を牽引したギングリッチやティーパーティ系議員は、自らの保守的なアジェンダの強調と民主党政権批判の双方を行ったが、多数党交代の議会内過程の展開や初年の法案通過率と大統領勝率からは、政権に対抗することに重きが置かれていたことは明らかである。

それは、現代大統領制が基本的に継続しており、連邦議会が政策過程の主導権を握ることは実質的に困難であることを示唆する。加えて、大統領選挙と議会選挙の結果に整合性が乏しい今日のアメリカ政治においては、多数党交代は中間選挙でしか生じておらず、統一政府から分割政府に変わることと事実上同じになっている。政党間関係が分極化していることもあって、新たに連邦議会に登場した多数党は政権側の意向の実現を阻止することに関心を振り向けやすい。政党の一体性の強まりは、権力分立を重視するアメリカの大統領制と組み合わされると、政策過程の行き詰まりにつながりやすいのである（Mann and Ornstein 2012）。

立法生産性の低下がどの程度継続するかは、多数党となった政党の内部組織によって異なる、という「多数党組織仮説」についても、一九九五年と二〇一一年の事例と整合的であった。九五年の場合、保守イデオロギーを掲げて多数党交代を実現させた勢力は既に議会共和党執行部に入っており、ギングリッチは下院議長にまでなった。そのため、彼らが執行部として政権側との協調も必要だと判断すれば、比較的短期間に方針転換ができたのである。[*11] もっとも、執行部の方針転換を上意下達的な規律として受け入れさせることまでは不可能だったため、党内にはギングリッチらへの不満が残ることにもつながった。これに対して、一一年の場合にはティーパーティ系議員は多くがまだ新人であり、そもそもティーパーティ運動自体が共和党内で執行部をはじめとする主流派への批判を行っていたこともあって、執行部と多数党交代の原動力が重なっていなかった。結果的に、執行部が政権側との妥協や協調の必要性があると考えても、党内をまとめられないままに対決路線を継続せざるを得ない状況に陥ったのである。多数党交代二年目における大統領勝率の動向は、このことを示していた。

その一方で、議会内における議事運営の変化に関する「議事運営変化仮説」は、はっきりと確かめられたとは言い難い。連邦議会では議院規則を各会期冒頭に採択することもあり、一九九五年にも二〇一一年にも多数党交代に伴って共和党の意向を反映した議院規則やその他の議会内ルールが定められたことは間違いない。しかし、共和党が採用した議会運営の方向性、たとえば九五年における委員会の自律性を弱める改革などは、それまでの民主党多数期にも追求されていたもので、大きな方向転換とまではいえない。一一年の場合にも、ベイナー下院議長をはじめとする共和党執行部は、党内でのティーパーティ系若手議員の強硬姿勢から生じる政策過程の行き詰まりに対処するために、民主党議員の一部を巻き込んだ多数派形成を図る局面がなお見られた。政党間関係の分極化は連邦議会における政党間対立の強まりと密接に結びついてはいるが、本章が対象とした二〇一一年の多数党交代の際には、多数党による少数党の完全な排除にまでは至らなかった。ただし、二〇一五年一〇月に就任したポール・ライアン下院議長は前任者のベイナーよりもティーパーティに近いとされており、今後は「ボトムアップによる規律」が政党間対立をさらに深刻化させる可能性もある。

＊本章は、これまでに公表した拙稿（待鳥 二〇〇九b、二〇一三）を原型に、大幅な加筆修正とデータの更新を行ったものである。

註

＊1 中間選挙後のオバマの発言については、Russel Goldman, "President Obama's Morning After 2010 Midterm Election Results," ABC News, November 3, 2010. 最終アクセスは二〇一六年七月一〇日。http://abcnews.go.com/Politics/president-obama-morning-after-vote-2010-election-results/story?id=12045687

＊2 第一回の選挙は一七八八年から八九年にかけて行われたが、一般には一七八九年の選挙とされることが多いので、本章でもそれに従う。

＊3 なお、両党が同数の場合や、無所属議員の協力で実質的な多数党が代わる場合は含めていない。

＊4 以下ではとくに明言する場合を除いて、アメリカ政治における特定政党の優位ないし優越とは、ジョヴァンニ・サルトーリの概念定義とは異なり、その政党が政権と議会多数党の地位を相手党よりも明らかに頻繁に獲得している状態を指す。

＊5 ここには、中選挙区制や大選挙区制中心の地方議会の選挙制度も関係する。政治制度に起因する地方政府の政策過程や政策選択の特徴については、曽我＝待鳥（二〇〇七）、砂原（二〇一一）などを参照。

＊6 法案通過率と立法生産性を同一視する見方は、アメリカのメディアや政治評論などでも広く存在している。たとえば、以下の記事を参照。いずれも最終アクセスは二〇一六年八月二二日。Amanda Terkel, "112th Congress Set To Become Most Unproductive Since 1940s," *Huffington Post*, December 28, 2012. http://

www.huffingtonpost.com/2012/12/28/congress-unproductive_n_2371387.html; Ezra Klein, "Goodbye and Good Riddance, 112th Congress," *Washington Post Wonkblog*, January 4, 2013. http://www.washingtonpost.com/news/wonk/wp/2013/01/04/goodbye-and-good-riddance-112th-congress/

＊7　一九九五年の多数党交代に関する以下の叙述については、参考文献を含め待鳥（二〇〇九ａ）を参照。

＊8　Teddy Davis, "Tea Party Activists Unveil 'Contract from America'," *ABC News*, April 15, 2010. 最終アクセスは二〇一六年七月一〇日。http://abcnews.go.com/Politics/tea-party-activists-unveil-contract-america/story?id=10376437

＊9　ティーパーティ運動が二〇一〇年中間選挙での共和党躍進にどの程度貢献したのかについては、さまざまな見解がある。たとえば、共和党上院議員候補の得票を分析した飯田（二〇一二）は、ティーパーティ運動による支持は共和党候補者の当落に決定的な影響がなかったとしつつも、保守的で忠誠心の強い有権者からの得票にはつながったと指摘している。対立する見解をバランスよくまとめたものとして、Skocpol and Williamson (2012: 158–163).

＊10　このような困難が積み重なって、二〇一五年一〇月のベイナー下院議長の辞任につながったという見方は強い。なお、「財政の崖」をめぐる協議については、たとえば以下を参照。Jennifer Steinhauer, "Divided House Passes Tax Deal in End to Latest Fiscal Standoff," *New York Times*, January 1, 2013. 最終アクセスは二〇一六年八月二三日。http://www.nytimes.com/2013/01/02/us/politics/house-takes-on-fiscal-cliff.html?ref=global-home&_r=2&

＊11　ギングリッチら執行部のこうした方針転換には、本来は政策決定に大統領以上の責任を負う、連邦議会の制度的役割が関係していたであろう。この点は、第三章で言及した現代の多くの大統領制とは異なる、アメリカの古典的大統領制の帰結である。詳しくは待鳥（二〇〇九ａ）を参照。

第六章
アメリカ大統領制の未来

二〇一六年の大統領選挙は、異例の展開をたどっている。現職のバラク・オバマは二期八年の任期を満了するため新人候補が争うことになるが、民主党と共和党の双方において候補者選出は予想外の過程を経ることになった。

まず民主党では、早くから有力視されていたヒラリー・クリントンへの支持が意外に高まらず、最終的には候補者指名を受けたものの、各州での予備選挙が終盤に入る六月上旬までバーニー・サンダースとの争いを強いられることになった。サンダースは自らを「民主社会主義者」と称し、ヒラリー・クリントンは民主党が長らく重視してきた社会経済的弱者の真の味方ではなく、金融・ビジネス界や首都ワシントン政界のエスタブリッシュメントと近しいエリート政治家であると訴えた。彼の政策はおよそ体系的とは思われなかったが、学費高騰や非正規雇用増大の影響を受け、アメリカと自らの将来を楽観できなくなった若者たちを中心に、予想以上の支持を受けたのである。ヒラリー・クリントンは当選すればアメリカ史上初の女性大統領なのであり、それは極めて大きな意味を持っていると考えられてきた。だが、民主党予備選では若い女性からの支持が伸び悩んだことも印象的であった。

より大きな衝撃を与えたのは共和党である。二〇一六年大統領選挙は、本来なら共和党にとって決定的な好機であった。民主党の現職であるオバマの支持率は長らく低迷しており、前章でも少し見たように、二〇一一年以降はあまり大きな成果も挙げられていない。第二次世界大戦後、同じ政党から三期連続で大統領が出たことは一度しかない。それも一九八一年から二期を務め、高い支持率を保ち続けたロナルド・レーガンが退任した後に、八年間副大統領だったジョージ・H・W・ブッシュが共和党政権を継承したというものであった。しかも、民主党のヒラリー・クリントンは既に六〇歳代後半であり、サンダースに至っては七〇代半ばに達している。近年では就任時に六〇代であることすら珍しくなっているアメリカ大統領の候補としては、いずれも稀な高齢である。

一九七〇年代以降、ときに指摘されるアメリカ政治全体の保守化傾向にも乗って、共和党は大統領選挙と連邦議会選挙の双方で、それまでよりもはるかに勝利の可能性を高めてきた。今回も、オバマやヒラリー・クリントンをリベラルだと批判して共和党の支持基盤を手堅くまとめつつ、若さや清新さを印象づけて中道無党派層の支持を確保できる候補を擁立できれば、チャンスは大きく広がっていたはずである。その一方で、アメリカの人口構成を見ると、次第に非ヨーロッパ系比率が上昇している（西山 二〇一六）。白人富裕層からの支持に依存する面が大きい共和党にとっては、長期低落を回避するためにも、勝てる選挙は逃さずに勝っておくこと、その際に支持基盤の拡大を図ることも大切なはずであった。

しかし、共和党が候補者として指名したのは、ドナルド・トランプであった。トランプはかつて不動産王として名を馳《は》せ、最近ではテレビ番組の司会者としても有名になっていたが、州レヴェルを含めて政治経験は皆無である。その主張も、不法移民対策としてメキシコとの国境にメキシコの費用負担で壁を構築するといったものを含み、とりわけ外交・安全保障については素朴という域を超えて荒唐無稽に近い部分さえある。日本を含めた同盟国、さらには世界各国の警戒感は強い。他方で、内政に関しては共和党が激しく批判してきた国民皆保険制度を一時容認するなど、従来の共和党や保守派の立場とはかけ離れているとさえいえる。女性や非ヨーロッパ系の人々に対する粗野な侮蔑など、共和党に限らず従来のアメリカ政治の常識からは、まさしく「ありえない」候補である。世論調査でも、少なくとも本書執筆時点では、ヒラリー・クリントンに明確な差をつけられている。そのため、共和党の有力政治家や支援者の落胆は大きい。

トランプの当選は困難であろうが、彼がもしも大統領になったらたいへんなことが起こるという不安が、アメリカはもちろん、日本の政策当事者たちの間にも存在することは理解できないことではない。しかし、一人の大統領がアメリカ政治をそれほどまでに変えることができるのだろうか。それは、オバマが唱えた「変革」に対して二〇〇八年から〇九年初めにかけて寄せられた、過剰なまでの期待と実は似通った部分があるようにも思われる。期待と不安という方向性に関しては違っていても、私たちは知らず知らずのうちにまた同じ轍《てつ》を踏んでいるのではないのだろうか。本書の締めくくりとして、以下の本章ではここまでの議論を改めて要約するとともに、アメリカ大統領制が今後どうなっていくのかを考える作業を通じて、これらの問いへの答えを探ってみたい。

一 歴史の中のアメリカ大統領制

（1）現代大統領制への道のり

本書では、制度構造とその帰結に焦点を合わせながら、アメリカ大統領制の歴史を振り返り、現状を明らかにしてきた。

まず歴史的展開を改めて見ておこう。第一章は植民地時代から合衆国憲法の制定までを扱った。一七八七年のフィラデルフィア憲法制定会議で作られたアメリカ合衆国憲法は、ジェイムズ・マディソンらが中心になり、権力の分立に基づく抑制と均衡という新しい制度構造を生み出した。それは今日、世界各国に広がった大統領制の直接的な起源である。しかしその実質は、植民地時代のイギリス国制と独立直後の邦憲法の経験を継承しており、連邦議会に多くの権限を与えるものであった。大統領は、あくまで議会が適切な政策決定を行わなかったときに、初めて役割を果たすことが期待された。外交と軍事に関する諸権限を別にすれば、大統領が議会に対して行使できるのは立法の勧告と拒否のみとされた。また、大統領の選出に関しても選挙人団を介した間接選挙制が導入され、有権者の意向を直接に受けて行動することは想定されなかった。アメリカ大統領制の出発点は、民意をより反映した議会が政策過程の主導権を握り、民意を直接には反映しない大統領が必要に応じて議会を抑制する、という構図だったのである。

アメリカ大統領制に決定的な変化が生じたのは、二〇世紀に入ってからのことである。この点は第二章で扱った。南北戦争後のアメリカは、いくつもの意味で大きな転換を経験した。一つは社会経済構造である。領土が続々と拡張し、国内にはフロンティアが常に存在して、そこに人々が移動していた時代は一九世紀末に終わった。それと軌を一にして産業革命を経験し、大陸横断鉄道の全通なども相まって、アメリカは農業国から工業国へと変貌した。ヨーロッパからの移民の流入もあり、東海岸や中西部には大都市が形成された。富の集中も起こった。これらの変化に伴って生じる新しく複雑な課題、たとえば劣悪な生活環境、地域独占的な鉄道会社による高運賃、労使対立の深刻化などは、しばしば複数の州に関係していたこともあり、専門知識を持った連邦政府の官僚が政策立案に加わる必要を高めた。行政部門の長として官僚を指揮する大統領は、政策過程で次第に主導的役割を担うようになっていった。もう一つは国際的地位である。一九世紀のアメリカは、モンロー主義に基づいてヨーロッパ諸国との接点をできるだけ小さくしつつ国内開発に専念していた。だが、世界最大の工業国、債権国となった二〇世紀には、国際関係に関与することは不可避となった。これら内政と外交の両面での変化により、大統領の役割も拡大していった。いわゆる「現代大統領制」の出現である。

第三章前半で理論的に検討したように、アメリカの現代大統領制は、有権者をはじめとする国内外からの大統領に対する役割期待が変化したにもかかわらず、合衆国憲法の明文改正は行われず、憲法に定める権力分立のあり方を根本から変えることなく対応しようとしたところに特徴がある。もちろん、ニューディール期の連邦最高裁がそれまでの判例を大きく変更して連邦政府の役割を広く認めるようになるなど、実質的意味の憲法の変化があったことは間違いない。だが、合衆国憲法の条文そのものの改正（修正）ではなかったために、大統領権限の拡大は明示的に進められたわけではなかった。とりわけアメリカ大統領制の根幹をなす連邦議会と大統領の関係については、行政省や大統領府など行政部門の組織的拡充によって実質的に政策過程での主導権を握るにとどまった。

そのことは、フランクリン・ローズヴェルト大統領によるニューディール政策の時期から一九六〇年代までは、大きな問題ではなかった。リベラル・コンセンサスの下で連邦政府が社会経済的課題に積極的な取り組みを行うことが容認され、かつその主たる担い手が大統領を長とする行政部門であることも当然視されていたからである。ところが、リンドン・ジョンソン政権末期に泥沼化したヴェトナム戦争や、リチャード・ニクソン大統領の不祥事であったウォーターゲイト事件を経て、大統領や行政部門高官への信頼度が低下すると、連邦議会や州政府など、合衆国憲法がもともと大きな役割や自律性を与えていた政府の他部門との関係が円滑ではなくなる。大統領は引き続き政策過程の主導権を握って有権者の期待に応えようとするが、制度的に与えられている権限が小さいままであるために、期待と権限の間に大きなギャップがあることが顕在化してしまったのである。このギャップこそが、本書の鍵概念である「現代大統領制のディレンマ」であった。

(2) 今日のアメリカ大統領制

現代大統領制のディレンマは、アメリカの政策過程に今日、どのような影響を及ぼしているのだろうか。大統領はそれを乗り越える術を持たないのだろうか。このことを個々の大統領が持つ属人的な要素からではなく、具体的なデータや事例の分析を通して検討するのが、第四章と第五章の課題であった。とくに注目したのは、政権交代や多数党交代という、大統領と連邦議会の関係が大きく変化する可能性を秘めたタイミングでの動きであった。近年だと、議会多数党の交代はいずれも政権交代がない中間選挙で起こっており、かつ多数党は政権党から非政権党に代わっているため、多数党交代の意味を検討する作業は、分割政府がもたらす影響を分析する作業と重なり合う。

第四章で見た、政権交代直後の大統領の立法に対する影響力については、フランクリン・ローズヴェルト政権が初期ニューディール立法を一気呵成《いっきかせい》に成立させて以来、長らく「最初の一〇〇日間」や「ハネムーン期間」などと呼ばれ、その存在が当然と見なされてきた。その時期には世論の期待が高くマスメディアも批判を抑え気味にするために、大統領選挙での公約に即した立法が可能になりやすいというのである。しかし、本書での分析が明らかにしたのは、確かに政権交代直後には大統領が影響力を行使する余地はあるものの、それは有権者が期待する方向性に沿った政策を実現させようとする場合だけだということであった。

政権交代を機に、世論や社会を先導するように大規模な政策転換を行うという、かつてのニューディール期や一九六〇年代に見られた構図は、もはやアメリカには成り立っていない。結局のところ、今日では有権者も連邦議会も、大統領が提唱する政策が次々と実現していくことを望んでいないと見るべきなのかもしれない。それは現代大統領制のディレンマにも大きな意味を持つ。期待と権限とのギャップが現代大統領制のディレンマの源泉であり、従来はそれを克服して大統領がいかに主導権を確保するかが課題であった。だが、大統領が政策過程を主導するという期待そのものが小さくなることによっても、ディレンマは確かに弱まる。

このことは、議会多数党交代とそれによって生じる分割政府の効果とも符合する。第五章で示したように、ビル・クリントン政権の時期である一九九〇年代以降の議会多数党交代は、政権党が議会両院で過半数の議席を握る統一政府から、少なくとも一院で過半数割れしている分割政府への移行を意味していたが、それは政策過程の停滞を明らかにもたらしている。だが、政策過程の停滞が分割政府の宿痾《しゅくあ》であるかのように考えるのは妥当ではない。分割政府が政策過程を行き詰まらせてしまうのは、議会内政党のまとまり（一体性）が向上したことの影響が大きい。七〇年代までは非政権党の所属議員が重要議案について大統領に協力することも珍しくはなく、それが弱まっていったのは早くとも八〇年代半ば以降のことであった。とはいえ、議会多数党交代によって分割政府になることが政策過程の停滞を導きやすいことは今日否定しがたく、大統領は主導的役割を果たせなくなりつつあると考える方が適切であろう。

それは有権者のバランス感覚の表れなのだろうか。多くの世論調査において、有権者は政策過程の停滞を好ましくないと考えていることが明らかになっている。しかしその一方で、有権者のほぼ一世代に当たるとされる過去三〇年間を振り返ると、ビル・クリントン政権期の一九九四年、ジョージ・W・ブッシュ政権期の二〇〇六年、オバマ政権期の二〇一〇年と、三回の中間選挙で政権党の議席を大きく減らして分割政府を作り出した。加えて、レーガン政権期の一九八六年には、政権党であった共和党が過半数を占めていた上院において、民主党多数へと復帰させた。二〇一四年中間選挙では逆に、オバマ政権を支える民主党を上院でも少数党に転落させた。これらはすべて、有権者の投票行動の結果であったことも確かである。[*1]

中間選挙の場合、政権への批判票が投じられやすいため、非政権党が議席を増やす傾向があることは長らく指摘されてきた。近年では、ジョージ・W・ブッシュ政権のイラク戦争やオバマ政権の医療保険改革など、政権側が強い熱意を持って推進した政策が有権者の間での批判を強める結果になり、中間選挙での政権党への逆風となって分割政府を導きやすい状態にあるとは考えられるだろう。バランス感覚とまではいえないにしても、大統領が理想や理念を高らかに謳《うた》い、それを信じて議会がついていくという構図は、多くのアメリカの有権者にとって既に受け入れがたいものになっている。その意味では、二〇一六年大統領選挙で仮にトランプが当選したとしても、アメリカ政治が劇的に変わるわけではないであろう。

(3) ディレンマの変容

今日、大統領による政策課題の推進にとって、分割政府が足かせになることは確かである。それは直接的には大統領と連邦議会の関係の帰結だが、ときには司法部門も関係する。アメリカの場合、政治的な争いがある事柄が、司法を巻き込みつつ解決される例は、合衆国憲法の初期から多数存在する。司法部門もまた政府の一部門なのであり、大統領(行政部門)や議会(立法部門)と並び立って相互に抑制と均衡の関係にあるという三権分立の考え方は、アメリカにおいて最もよく当てはまる。分割政府であることは、このような重要性を持つ司法部門に対して、政権党と非政権党がともに影響力を行使する可能性を高める。連邦裁判所、とりわけ最高裁の判事を誰にするかは政治的に大きな意味があるが、判事の任用には大統領の指名と上院での承認の両方が必要だからである。

二〇一六年二月に、保守派の判事として知られたアントニン・スカリア判事が急逝し、後任の補充をめぐって顕在化したのは、まさにこの問題であった。上院で多数党の座を占める共和党は、民主党のオバマ大統領が一一月の大統領選挙前にリベラル派の判事を指名することを阻止しようと考えた。そのため、大統領選挙が終わるまで指名を控えるよう要求する一方で、一部の共和党議員は指名が行われる場合には承認のための審査において議事妨害（フィリバスター）を行うことを公言したのである。[*2]

この問題は、別の見方をすれば、アメリカの大統領選挙と連邦議会選挙で争われているのは、行政部門と立法部門についてだけではないということを示している。二〇一六年大統領選挙に関して共和党が恐れていることの一つは、トランプが敗れてしまった場合には、最高裁判事のイデオロギー的バランスが逆転する可能性が高いことなのである。スカリアの逝去まで、連邦最高裁の九人の判事のイデオロギー的傾向は、保守系が四人、リベラル系が四人、中道が一人だと見なされていた。民主党政権が継続する場合、スカリアの後任にリベラル系の判事を指名し、上院がそれを承認すると、今後当面の間はリベラル派優位の判事構成になる。仮にオバマがいったん行った指名を取り下げ、ヒラリー・クリントンによる指名がなされると、上院で共和党が多数を維持したとしても、フィリバスターなどの強硬手段に訴えて阻止できるかどうか、またそのような行動が何をもたらすのか、議会共和党は難しい予測と判断を迫られよう。

こうした近年の動きからも、二〇世紀に強まった現代大統領制のディレンマそのものの変容が浮き彫りになる。ディレンマを見出す議論自体が、アメリカの大統領は期待と権限のギャップに直面しているという前提から導かれたものであり、そこにはアメリカ政治が大統領主導によって展開されるという認識があった。だが、一九七〇年代にはリベラル・コンセンサスが消滅し、八〇年代半ば以降になると保守とリベラルの間の対立が強まって、それが政党間関係の分極化につながるようになった。それに伴って、大統領が国政上の主要課題に取り組み、連邦議会を追従させて積極的な政策転換を主導することでアメリカ政治を動かしていく、という現代大統領制の基本構図そのものが揺らいでいる。[*3] 今日、とりわけ分割政府の場合には、大統領と連邦議会とは別個の意思を持っており、どちらかが安定的に主導権を握れるわけではないと考えるべきなのである。

だとすれば、次に登場するのはどのような大統領制のあり方なのだろうか。この点を考えるためには、アメリカ大統領の歴史と現状から論じるだけではなく、第三章後半で検討した比較政治学的な位置づけに、もう一度立ち返る必要があろう。

二　比較の中のアメリカ大統領制

(1) 大統領制の基本構造

今日、大統領制は世界中で採用される政治の仕組みとなった。アメリカを発祥国としつつ、世界へと広がるにつれて、大統領制にはさまざまなヴァリエーションが生まれている。その源泉となっているのは、主に二つの要因である。

一つは、大統領の制度的な権限である。大統領がどのような権限を持ち、議会に対してどれだけ優位に立てるのかは、同じ大統領制であっても国によって大きく異なる。大統領制は一九世紀前半のラテンアメリカ諸国を皮切りに、二〇世紀に入るとアジアやアフリカの新興独立国、さらには旧共産圏の新興民主主義国にも広がっていった。その過程は、社会に対する国家の、あるいは市場に対する政府の役割が拡大する時期とも重なり合っていた。社会経済的課題が複雑化し、利害関係が錯綜《さくそう》するとき、その解決策は素人集団である議会ではなく、専門知識を持った官僚とその指揮命令者である大統領に求められた。大統領制の場合、高位の官僚の任用には議会が関与する例も多く、政治任用が多いアメリカではとくにその傾向が見られるが、それでも全体としては官僚制が大統領の影響下にあることは否定できない。

その典型例が、予算編成に関する権限である。予算は、社会経済的課題に政府がどのように取り組むかについての政策プログラムを、金銭的に体系化したものである。政府の活動の全体像を示す目録だといってよい。誰が予算を編成し、どのように成立させるのかは、政府において主導的役割を担っているのは誰なのかを、最も如実に示している。このような性質を持つ予算編成権限は、今日ほとんどの大統領制で、議会ではなく大統領側が握っている。中には、大統領が排他的な予算提案権を持ち、修正以外について議会の予算編成の可能性を完全に排除している例もある。日本の地方自治体における首長と地方議会の関係も同様である。

もう一つは、議会の選挙制度に起因する政党のあり方である。大統領制の多様性に議会の選挙制度がなぜ関係するのか、と思われるかもしれない。だが、議会の選挙制度は政党のあり方に直結し、それが大統領の政治的影響力に密接に関係しているのである。簡単に言えば、議会内にどれだけの数の政党が存在し、いかなる勢力関係を形成しているかという「政党システム（政党制）」と、各政党の内部がどの程度まとまっているのか、それはなぜかという「政党組織」の二つが、選挙制度によって強く規定されている。二大政党制のように政党の数が少なく、かつ各政党の内部がまとまっていて一体性の高い組織になっている場合ほど、党首あるいは党幹部である大統領の影響力は大きくなる。

政党のあり方を考える際に、最も注目すべきは選挙制度の「比例性」である。有権者の意向を反映させやすい選挙制度ほど比例性が高くなり、政党の数は増え、各政党内部は政策やイデオロギーのみによってまとまる傾向が強まる。このような場合、大統領は政権党のリーダーとして所属議員を十分にコントロールすることはできない。大統領の意向に従いたくない議員は、新しい政党を作るか、既存の他政党に移籍するかによって、大統領の政治指導から逃れることができてしまうからである。また、大統領が十分に権限を持っていない場合にも、大統領のリーダーシップは制約される。議員は基本的に、自分の思ったように政策を決め、自分のことを有権者に売り込みたいと考えて行動する存在である。そのため、権限の乏しい大統領の言うことを聞き入れる理由がないのである。

(2) アメリカ大統領制の独自性と困難さ

比較政治学の枠組みから考えると、アメリカは古典的大統領制とでも呼ぶべき特徴を示している。古典的大統領制であるとは、大統領の制度的権限と政権党リーダーとしての影響力が、いずれも小さいことを意味する。両者のうち少なくとも一方が確保されていることが現代大統領制の特徴であり、アメリカはそれと好対照をなしている。だからこそ、大統領だけでアメリカ政治に大きな変化を引き起こすことはできない。この点からも、二〇一七年に誰が大統領になるにせよ、議会多数党との十分な協調が確保できない限り、アメリカ政治は大きくは変化しないという予測が導かれる。

まず制度的に見れば、議会に対して優位を確立し、政策過程を主導するために重要な手段が、アメリカの大統領にはほとんど与えられていない。先に典型例として挙げた予算編成に関しては、合衆国憲法が与える教書送付権限と一九二一年予算・会計法に基づいて予算教書を毎年度作成している。しかし、これは連邦議会にとっての参考資料という扱いに過ぎず、議会は全く異なる内容の予算編成を行うこともできる。もちろん、実際には予算教書の内容はそれなりに尊重されているが、一九七四年議会予算法に基づく改革がそうであったように、予算編成の実質的権限を議会に取り戻そうとする動きは常に存在している。議会通過法案に対する部分拒否権についても、ビル・クリントン政権期に一九九六年項目別拒否権法としていったんは認められたが、九八年に連邦最高裁による違憲判決によって無効になってしまい、その後ほとんど復活の機運はない。

近年のように政党間関係が分極化した状況下で分割政府が常態化している場合、政策過程の行き詰まりを防ぐためには、これらの制度的権限が持つ有効性は明らかだと思われる。だが、逆に議会側、非政権党側から見れば当然のことながら、大統領の影響力が制約されている方が好都合であり、権限を新たに大統領に与えることは望まないのである。大統領が唯一議会の影響力を排除して行使できるのが行政命令だが、アメリカの大統領行政命令にはデクレとして立法を代替する機能はない。[*4]議会を通過した法案に署名する際に公表する声明なども、その法的効力が安定的に認められているわけではない。

政権党リーダーとしての大統領の影響力が極めて小さいことは、改めて指摘するまでもないかもしれない。アメリカの政党は長らく、大統領選挙や議会選挙を候補者が戦うための一時的な組織であるとされてきた。大統領は政権党の党首ではなく、そもそもアメリカの二大政党には、ヨーロッパや日本の主要政党では一般的な党の中央組織も執行部も存在しない。綱領もなく、大統領選挙直前の党大会において、それに多少近い政策体系が大統領候補の政権公約として提示されるに過ぎない。連邦議会選挙での候補者選定は各政党の選挙区組織が行っており、予備選挙が実施されることもあって、大統領が介入する余地はない。

政党内部での政治資金の流れに関しても、近年の議会選挙については党全体で管理運用する資金の影響が増大しているとされるが、総額に対する比率は依然小さく、かつ大統領がその流れをコントロールできているわけでもない。大統領選挙と同時に行われる議会選挙に際して、政権を獲得した政党が勝者となった大統領の人気で議席を増やすコートテイル効果が見られることもあるが、常に存在しているとはいえず、コートテイル効果で当選した議員が大統領に忠誠を尽くすともいえない。アメリカでは依然として、大統領と議会内政党が分離していると理解すべきだろう。それは政党間関係の分極化が強まった今日でも変わらない。

このように、今日としては特異な大統領制の下に置かれているポストでありながら、アメリカの大統領は二〇世紀以降増大した役割期待に応えなくてはならない。ここにこそ、本書が繰り返し指摘してきた現代大統領制のディレンマが生じる理由があった。

実際の政策過程において主導権を握るためには、大統領のイニシアティヴに対して連邦議会が追従する状態を作り出し、それを継続しなければならない。この問題は、アメリカ政治が全体としてリベラル・コンセンサスを維持していた一九六〇年代末までは顕在化しなかった。しかしその後、リベラル・コンセンサスは消滅するとともに、七〇年代以降には分割政府が常態化した。分割政府の下でも、当初は何とか政策過程での主導権を確保することはできた。重要議案であっても議会内の多数派が政党の枠を超えて形成されることもしばしばであり、政権党が両院で過半数の議席を持たなくとも、大統領の働きかけによってアドホックに多数派を形成すればよかったからである。

それを可能にしていたのは、二大政党の内部に一体性が十分に存在しないことであった。選挙制度の特性上、アメリカの政党には執行部からの規律は強く作用しない。そのため、同じ政党に所属していても政策的な立場は異なる、あるいは違う政党に所属していても政策的立場は近い、という議員が多数いる状態であれば、超党派の多数派形成が比較的容易だったのである。

ところが、一九八〇年代以降になると、連邦議会内の二大政党は内部の一体性を強め始める。

民主党を支持してきた南部の保守層、東部などの共和党支持者の中にいた穏健層が政党支持を流動化させるとともに、強いイデオロギー的主張を打ち出す活動家が予備選挙などを通じて両政党内で台頭し、党の政策的純化が進んだためである。このような現象は、比較政治学的には凝集性による一体性向上と理解され、規律が作用しない場合にも政党が一体性を高める重要な道筋だと考えられている。

今日、アメリカの二大政党は議会内において従来よりもはるかに一体性が強く、重要議案に関しては政党を単位とした投票行動が広く見られるようになった。政党間対立こそが政策過程の基調になり、その傾向は年々強まっている。それを裏返せば、大統領が主導しながら超党派的な多数派形成を行うことが、以前に比べてはるかに難しくなったことを意味する。

(3) 現代大統領制以前への回帰は可能か

アメリカの政策過程において、大統領の主導的役割が長く続くことはもはや望ましいと思われておらず、実際に可能でもなくなりつつある。だとすれば、連邦議会が主導的役割を果たし、その過不足に対して大統領が抑制を加えることで全体的な均衡を保つ、という一九世紀以前のアメリカ大統領制のあり方に回帰することになるのだろうか。

連邦最高裁において保守派の判事が唱道し、法学者の一部もその立場に依拠する「原意主義」などには、これに近い発想が見られることは確かである。原意主義とは、時期によって主張内容には違いもあるものの、基本的には憲法解釈論において制定時の意図にできるだけ忠実であろうとする立場である。それを連邦政府内部の権力分立に当てはめると、連邦議会の役割が重視され、二〇世紀以降の現代大統領制には否定的な理解が導かれることになるであろう。分割政府になって大統領と議会が相互に抑制し合うことは、むしろマディソンら憲法制定者たちが想定していたことであって、政策過程に生じるのは行き詰まりではなく行き過ぎの抑止である、という考え方もこれに連なる。

原意主義が理論的には十分成り立ちうる立場であることは間違いないにしても、それによってアメリカ政治の課題が解決できるとは思われない。現代大統領制は、大統領や政権党が望んで意図的に作り出したというよりも、国内の社会経済的課題やアメリカの国際的地位の変化に応答しようとした帰結として出現してきたものだからである。だからこそ、明示的な憲法典の改正なき大統領制の変化という形をとり、大統領はディレンマに悩まされることになったのである。

現代大統領制がなぜ形成され、どのような帰結をもたらしたかについて考えることなく、大統領・議会関係について合衆国憲法制定期に回帰しようとしても、それは単なるアナクロニズムでしかない。あるいは、そのような回帰を志向する人々は、アメリカの国家と社会の関係を全体として一九世紀前半以前のようにしたいのかもしれない。だが、国内に限っても二億人を超える多様な人々の巨大な利害共同体としての側面を持つ現代のアメリカにおいて、そのようなことが実現できるはずもない。

アメリカが直面する社会経済的課題は、連邦議会に委ねて解決するにはあまりにも複雑で利害関係が錯綜している。州政府の役割を再び強めようとする立場に対しても同じことがいえる。市場に委ねることは部分的な解決につながる面はあるにしても、今日のアメリカに生じている深刻な経済的格差は、政府の役割が依然として大きいことを示している。国際関係についても同様であろう。世界各地の厄介そうな問題に背を向け、一九世紀のように西半球のみを重視しつつ自らの繁栄のみを維持し続けたい——それは伝統的に孤立主義と呼ばれてきたアメリカ流の一国繁栄主義だが、そのようなことは今日において到底不可能であり、アメリカの社会経済的活力もそがれてしまうだけではなく、世界全体への悪影響も計り知れない。結局のところ、現代大統領制を生み出した課題は続いており、むしろ課題の難しさは強まっているのではないだろうか。

したがって、考えるべきは合衆国憲法制定期の権力分立制や連邦制への回帰ではなく、大統領の主導的役割のみに期待できなくなったことを前提に、いかに課題を解決できる政策過程のあり方が導けるか、であろう。合衆国憲法を全面的に改正し、たとえば議院内閣制を採用するとか、大統領権限を大幅に拡大するといった変革は、世論の支持が得られるとは考えられず、少なくとも今の時点では全く現実味がない。党派的であることを厭わず、民主党のみをまとめることでリーダーシップを発揮しようとしたオバマのスタイルは、その意味では一つの挑戦であったが、成功したとは言い難い。党派的なスタイルであっても大統領が政策過程を主導していることに変わりはなく、有権者はそのようなリーダーシップを嫌って、すぐに分割政府を作り出してしまう。分割政府になると、統一政府のときには有効であった党派的スタイルは、政策過程の著しい行き詰まりにつながるのである。

(4) アメリカ政治の今後

現在のアメリカの大統領制を前提にすれば、有権者はときに、大規模な政策転換を求めつつ分割政府を作り出すという、矛盾した選択を行うことが認められている。それを矛盾していると論難することはたやすい。だが、本当に必要なのは、そうした選択がなされてもなお必要な政策決定ができる状態を作り出すことであろう。難問であることは間違いないが、アメリカ政治の今後は、この点にかかっているとさえいえる。

一つの手がかりとなるのは、アメリカの大統領・議会関係についての第一人者であるチャールズ・ジョーンズが唱える「分離した、しかし対等な部門」という概念であろう(Jones 1999, 2005)。

この概念については第三章でも言及したが、大統領と連邦議会はどちらかが主導するという関係ではなく、責任を分担しつつ協働して連邦政府に期待される役割を果たす存在であることに注目する。そこに政党が介在し、大統領と議会の協働を促すことがあってもよいだろう。だが、政党が大きな役割を果たせなかったとしても協働が確保できれば、より円滑な政策過程のあり方を安定的に期待することができる。歴史的に見れば、アメリカの政党は一体性を欠くことによって多数派形成のヴァリエーションを確保し、それを通じて政策過程を円滑化する機能を担ってきたのである。単純な過去への回帰ではなく、この状態を取り戻すことはできないだろうか。

そのための鍵となると思われるのが、政党の内部組織である。予備選挙の浸透や必要な政治資金の著しい高騰などによって、アメリカの政党組織では今日、政策的理由から熱心な党員（活動家）の役割があまりにも大きくなりすぎている。活動家の唱えるイデオロギー的に純度の高い政策は、政党に政策的な背骨を通すという点でプラスの効果があるものの、それが政治家を過剰に拘束するようになると政策過程での妥協の余地は極端に狭まってしまう。そこに見られるのは、政策過程に対する選挙過程の過剰な優位である（Gutmann and Thompson 2012）。

ティーパーティ運動に半ば占拠された近年の共和党は、その典型例だといえよう。ティーパーティ運動については既に多くの研究が存在するが、増税を一切認めず、オバマが推進した医療保険改革を拒絶するなど「小さな政府」を強硬に主張する、比較的熱心な共和党員たちの運動であるというのが、最大公約数的な理解である。その一方で、統一的な全国組織を持つような運動ではなく、各地で自然発生的に生じた運動が総称や基本的な方向性を緩やかに共有しているに過ぎない。だが、アメリカでは連邦議会選挙の候補者選出を各選挙区の政党組織が行うため、各地のティーパーティ運動は全国組織がなくとも候補者選出過程に大きな影響力を行使することができた。ティーパーティ運動の主張から距離を置こうとする共和党内の穏健派は、現職議員を含めて多くが予備選挙などの候補者選出過程で追い落とされた。結果的に、当選した共和党議員たちは相当数がティーパーティ運動とのつながりを持つか、少なくとも選挙区のティーパーティ運動の標的にされないよう意識せねばならなくなり、連邦議会における行動の自由度は大幅に制約されることになった。そこに見られるのは、ボトムアップの規律形成に近いものとすらいえるかもしれない。だとすれば、第三章や第五章で言及したように、分割政府による政策過程の行き詰まりはさらに深刻化する。ティーパーティ運動の出現が、オバマ政権と連邦議会との関係をいっそう困難にしたことはいうまでもない。*5

もちろん、対立を煽《あお》るメディアの存在は無視すべきでないだろう。有権者がインターネットからの政治情報に依存する傾向を強め、もっぱら自分と政治的立場が似通った言説にふれる結果として、特定の立場に偏ってしまうという問題も残る。だが少なくとも、政党組織内部で活動家の影響力を低下させるよう、予備選挙以外の方法での候補者選考を広げ、政治資金に関する公的規正を強めることで、個々の政治家、とくに連邦議会の若手議員が極端な立場を主張せずに済む余地が生まれる。議会内政党の執行部も、次回選挙をにらんで相手党との対立を強め党内活動家の歓心を買う必要がなくなり、政府の運営に必要な妥協を行うことが可能になる。アメリカの有権者は依然として中道志向であるという指摘もあるが、両極にあって強い主張を繰り返す活動家の役割を縮小しない限り、アメリカの政策過程の円滑化は難しい。

同じことはもちろん、大統領の選出についてもいえる。大統領選挙においても、近年では党内の候補者決定過程が長期化し、必要な政治資金が莫大《ばくだい》になることと並んで、活動家の意向が反映されやすくなる傾向が見られる。二大政党のいずれかの党員として登録している有権者であっても、長期化する選挙過程をフォローできる人はごく一部であり、大多数の有権者が十分に情報を得て考えを深める前に、熱心で強い関心を寄せる党員によって流れのようなものが作られてしまうのである。二〇一六年大統領選挙の民主党において、各種世論調査では明らかに勝てる大統領候補になるとは思われておらず、それを意識する党内の有力者たちからも否定的に評価されてきたサンダースが予想外の台頭を見せたことも、その表れではないかと思われる。活動家は首都ワシントン政界との接点は持っていないことが多く、ジャクソニアン・デモクラシー以来のアメリカ政治の伝統を引き継ぐ存在という面を持つ。だからといって、活動家の影響力増大を「草の根民主主義」と持て囃《はや》すのは、今日あまりにナイーヴである。

大統領選挙の場合、一一月の本選挙に際しては無党派を含めた中道有権者の動向が鍵をなお握る。そのために弊害は若干緩和されているが、極端な立場をとる候補しか本選挙に出なかった場合には、従来にない政治不信を招く恐れもある。現在の共和党はまさにそのような状況に陥っている。アメリカ政治の今後を考えていく上では、共和党がなぜトランプを大統領候補者に指名したのか、トランプはなぜ指名争いを制することができたのかを理解することと同じくらい、トランプで戦った大統領選挙を終えた後に共和党はどうなってしまうのか、さらにはアメリカの二大政党はどこに向かうのか、という問いかけを選挙後に行うことが重要なのである。

アメリカに限らず、代議制民主主義における政治は、有権者の意向をできるだけ反映させたいという民主主義的要素と、統治エリート相互間の競争や妥協を重視する自由主義的要素のバランスによって維持されてきた（待鳥 二〇一五b）。筆者はそれについて、民意の表出という〈代表〉と、政府の運営という〈統治〉のバランスという言い方も、以前にしたことがある（待鳥 二〇〇九a）。アメリカの大統領制は、本来このようなバランスを確保しやすいものでは必ずしもなく、政党の一体性の不在がそれを辛うじて補ってきたという面がある。二大政党の内部組織の変化によって、それが維持困難になりつつあることは否定しがたい。政党間関係の分極化はアメリカ政治全体に深刻な問題を突きつけており、それを危機と呼ぶ人がいたとしても不思議ではない。アメリカにおける現代大統領制のディレンマは、強すぎる政党の問題へと変化しつつあるのかもしれない。

だが、アメリカの大統領制はさまざまな課題に直面しつつも、それらを克服することで二〇〇年以上にわたって大きな成功を収めてきたことも事実である。課題の中には、南北戦争や大恐慌のように社会や経済へのダメージが深刻で、国家解体につながりかねないような危機もあった。その際にも、大統領、議会、政党など、ほぼすべてのアクターが合衆国憲法制定時とは異なった役割を柔軟に担いながら、代議制民主主義としての根幹は維持してきた。その柔軟性と継続性こそが、アメリカ政治の根底にある活力である。そして、激しい貧富の差とその拡大をはじめとする多くの問題を抱えつつ、なお世界中から若く有能な人々を惹《ひ》きつけてやまないアメリカの社会は、依然としてその魅力を失ってはいない。楽観的に過ぎるのかもしれないが、現状がこれまでの課題と決定的に違うわけではない以上、アメリカの政治は今回も何らかの答えを遠くない将来に見つけ出すだろうというのが、筆者なりの見立てである。

註

＊1　一九八六年の共和党、二〇一四年の民主党の場合には、選挙の前後を通じて下院で多数党ではなかったため、分割政府の状態そのものは継続に当たる。

＊2　オバマは二〇一六年三月に連邦控訴裁判所判事のメリック・ガーランドをスカリアの後任に指名したが、上院による承認手続きは進んでいない。この問題については、たとえば以下のコラムを参照。Evan Osnos, "The Death of Antonin Scalia." *The New Yorker*, February 13, 2016. 最終アクセスは二〇一六年七月一〇日。http://www.newyorker.com/news/news-desk/the-death-of-antonin-scalia

＊3　この点について、現代（モダン）大統領制に対比させて「ポストモダン大統領制」という表現を使う論者も多い（たとえば、砂田　二〇〇四；Freie 2011）。しかし、単に「モダン」の後という意味で「ポストモダン」と呼ぶのだとすれば、ラベル作りにとどまる印象は拭えない。より積極的な意味内容を検討すべきだと思われる。

＊4　ただし、条約などにおいて議会批准の問題を避けるために重要部分を行政協定で事実上代用する例は多い。

＊5　その発端は、家計が破綻して自宅を差し押さえられる恐れのある人に対しての融資条件を見直しやすくする立法をオバマ政権が支持したことに対して、そこに生じるモラルハザードを指摘して批判したテレビコメンテーターが、もはや現代のティーパーティが必要だ、と叫んだことだとされる。ただし、池原麻里子によれば、二〇一〇年中間選挙の時点では、一部の組織には大口のスポンサーがおり、活動についても助言を受けていたという。池原「二〇一〇年中間選挙におけるティーパーティーの実績と今後の展望」『アメリカＮＯＷ』第六二号（二〇一〇年一一月一七日。最終アクセスは二〇一六年七月一〇日）。http://www.tkfd.or.jp/research/america/a00072

参考文献

阿川尚之（二〇一三）『憲法で読むアメリカ史（全）』ちくま学芸文庫。

――――（二〇一六）『憲法改正とは何か』新潮選書。

浅羽祐樹（二〇〇九）「韓国における政党システムの変容」『山口県立大学学術情報』第二号。

阿部　斉（一九八七）「アメリカ連邦議会の後退と復権」日本政治学会（編）『年報政治学一九八七　政治過程と議会の機能』岩波書店。

天野　拓（二〇一三）『オバマの医療改革』勁草書房。

有賀　貞（一九八八）『アメリカ革命』東京大学出版会。

有賀　貞＝大下尚一（一九九四）「イギリス領北アメリカの発展」有賀貞＝大下尚一＝志邨晃佑＝平野孝（編）『世界歴史大系　アメリカ史1』山川出版社。

飯田　健（二〇一二）「二〇一〇年中間選挙におけるティーパーティのインパクト」吉野孝＝前嶋和弘（編著）『オバマ政権と過渡期のアメリカ社会』東信堂。

五十嵐武士（一九八四）『アメリカの建国』東京大学出版会。

五十嵐武士＝久保文明（編）（二〇〇九）『アメリカ現代政治の構図』東京大学出版会。

石川葉菜（二〇一二）「ティーパーティ運動を理解するためのフレームワーク」久保文明＝東京財団「現代アメリカ」プロジェクト（編著）『ティーパーティ運動の研究』NTT出版。

伊藤孝夫（二〇〇六）「ニューディール憲法革命再考」『法学論叢』第一五八巻四号。

今村　浩（二〇〇九）「アメリカ大統領選挙人制度」『早稲田社会科学総合研究』第一〇巻二号。

ウィルダフスキー、アアロン（一九七二）『予算編成の政治学』〔小島昭訳〕勁草書房。

ウッド、ゴードン・S（二〇一六）『アメリカ独立革命』〔中野勝郎訳〕岩波書店。

梅川　健（二〇一五）『大統領が変えるアメリカの三権分立制』東京大学出版会。

――（二〇一六）「大統領制――議会との協調から単独での政策形成へ」山岸敬和＝西川賢（編著）『ポスト・オバマのアメリカ』大学教育出版。

大林啓吾（二〇一二）「憲法判断における二重の拘束について」『千葉大学法学論集』第二七巻二号。

岡山　裕（二〇〇五）『アメリカ二大政党制の確立』東京大学出版会。

――（二〇〇九）「イデオロギー政治の変容と連邦司法人事」五十嵐武士＝久保文明（編）『アメリカ現代政治の構図』東京大学出版会。

――（二〇一六）「憲法修正なき憲法の変化の政治的意義」駒村圭吾＝待鳥聡史（編）『「憲法改正」の比較政治学』弘文堂。

小川晃一（一九八三）「アメリカ合衆国における選挙権拡大の歴史過程」『北大法学論集』第三四巻一号。

粕谷祐子（編著）（二〇一〇）『アジアにおける大統領の比較政治学』ミネルヴァ書房。

川北　稔（二〇〇八）『民衆の大英帝国』岩波現代文庫。

ガバッチア、ダナ・R（二〇一五）『移民からみるアメリカ外交史』〔一政（野村）史織訳〕白水社。

木南　敦（一九九五）『通商条項と合衆国憲法』東京大学出版会。

――（二〇〇八）「アメリカの代表民主政と裁判官選挙」紀平英作（編著）『アメリカ民主主義の過去と現在』ミネルヴァ書房。

グッドウィン、ドリス・カーンズ（二〇一三）『リンカーン』〔平岡緑訳〕中公文庫。

久保文明（一九九七）『現代アメリカ政治と公共利益』東京大学出版会。

――（二〇一二）「ティーパーティ運動とアメリカ政治の変容」久保文明＝東京財団「現代アメリカ」プロジェクト（編著）『ティーパーティ運動の研究』ＮＴＴ出版。

――（二〇一五）「オバマ大統領に立ちはだかる三つの試練」『中央公論』一月号。

齋藤憲司（二〇一一）「英国型政治制度はなぜ普及したか」『レファレンス』一二月号。

斎藤　眞（一九九二）『アメリカ革命史研究』東京大学出版会。

島田幸典（二〇一一）『議会制の歴史社会学』ミネルヴァ書房。

菅原和行（二〇〇九）「アメリカ政治任用制の過去と現在」久保文明（編著）『オバマ大統領を支える高官たち』日本評論社。

砂田一郎（一九九四）『現代アメリカの政治変動』勁草書房。

――（一九九九）『新版　現代アメリカ政治』芦書房。

――（二〇〇四）『アメリカ大統領の権力』中公新書。

――（二〇〇九）『オバマは何を変えるか』岩波新書。

砂原庸介（二〇一一）『地方政府の民主主義』有斐閣。

曽我謙悟＝待鳥聡史（二〇〇七）『日本の地方政治』名古屋大学出版会。

建林正彦＝曽我謙悟＝待鳥聡史（二〇〇八）『比較政治制度論』有斐閣。

田中秀夫（二〇一三）「アメリカ植民地の形成と独立革命」『経済論叢』第一八六巻二号。

辻　陽（二〇〇五～〇六）「大統領制比較のための視座」『法学論叢』第一五八巻二号、三号、四号。

――（二〇一五）『戦後日本地方政治史論』木鐸社。

中野勝郎（二〇一三）「独立と憲法制定」久保文明（編）『アメリカの政治〔新版〕』弘文堂。

中村裕司（二〇〇二）「エネルギー政策から見た米国の国家戦略について」『IIPS Policy Paper（世界平和研究所　研究レポート）』二八六J。

中山俊宏（二〇一二）「ティーパーティ運動とインスティテューションの崩壊」久保文明＝東京財団「現代アメリカ」プロジェクト（編著）『ティーパーティ運動の研究』NTT出版。

――（二〇一三）『アメリカン・イデオロギー』勁草書房。

西川　賢（二〇一五）「バラク・オバマ政権の内政と統治手法」『立教アメリカン・スタディーズ』第三七号。

――（二〇一六）『ビル・クリントン』中公新書。

西山隆行（二〇一六）『移民大国アメリカ』ちくま新書。

日本貿易振興機構海外調査部（二〇〇三）『米国との通商交渉におけるセンシティブ案件とその背景』オンライン公表冊子（二〇一六年五月七日最終アクセス。https://www.jetro.go.jp/ext_images/jfile/report/05000271/05000271_004_BUP_0.pdf）。

バーダマン、ジェームス・M（二〇一一）『アメリカ黒人の歴史』（森本豊富訳）NHKブックス。

ハミルトン、A＝J・ジェイ＝J・マディソン（一九九九）『ザ・フェデラリスト』［斎藤眞＝中野勝郎訳］岩波文庫。

廣瀬淳子（二〇〇七）「アメリカの大統領行政府と大統領補佐官」『レファレンス』五月号。

――（二〇一二）「ティーパーティ議員連盟とティーパーティ系議員の影響力」久保文明＝東京財団「現代アメリカ」プロジェクト（編著）『ティーパーティ運動の研究』NTT出版。

細谷雄一（二〇〇七）『外交』有斐閣。

待鳥聡史（二〇〇三）『財政再建と民主主義』有斐閣。

――（二〇〇六）「カーター政権の登場と混迷」アメリカ学会（編）『原典アメリカ史　第八巻　衰退論

の登場』岩波書店。

――（二〇〇九ａ）『〈代表〉と〈統治〉のアメリカ政治』講談社選書メチエ。

――（二〇〇九ｂ）「分割政府の比較政治学」日本政治学会（編）『年報政治学二〇〇九－Ⅰ　民主政治と政治制度』木鐸社。

――（二〇一〇ａ）「「アメリカ大統領」はどれだけ強大な存在か？」渡辺靖（編）『現代アメリカ』有斐閣。

――（二〇一〇ｂ）「アメリカにおける政権交代と立法的成功」『レヴァイアサン』第四七号。

――（二〇一三）「アメリカにおける多数党交代と議会内過程」『レヴァイアサン』第五三号。

――（二〇一四）「アメリカ政治にとっての選挙」『アメリカ研究』第四八号。

――（二〇一五ａ）『政党システムと政党組織』東京大学出版会。

――（二〇一五ｂ）『代議制民主主義』中公新書。

――（二〇一五ｃ）「アメリカ大統領制への今日的視座」『法学論叢』第一七六巻五・六号。

――（二〇一六）「政治学から見た「憲法改正」」駒村圭吾＝待鳥聡史（編）『「憲法改正」の比較政治学』弘文堂。

松井茂記（二〇一二）『アメリカ憲法入門〔第七版〕』有斐閣。

松尾　陽（二〇一〇～一一）「原意主義の民主政論的展開」『法学論叢』第一六六巻四号、第一六七巻三号、五号。

松本俊太（二〇〇六）「アメリカ大統領による一般国民への説得活動の実証分析」『名城法学』第五六巻一号。

――（二〇〇九～一〇）「アメリカ連邦議会における二大政党の分極化と大統領の立法活動」『名城法学』第五八巻四号、第六〇巻一・二号。

――（二〇一〇）「オバマ政権と連邦議会」吉野孝＝前嶋和弘（編著）『オバマ政権はアメリカをどの

ように変えたのか』東信堂。

――――（二〇一二）「分極化時代初期のアメリカ大統領と連邦議会の関係」『名城法学』第六一巻三号、四号。

――――（近刊）『アメリカ議会の分極化と大統領』ミネルヴァ書房。

三輪裕範（二〇〇三）『アメリカのパワー・エリート』ちくま新書。

村田晃嗣（二〇一一）『レーガン』中公新書。

山岸敬和（二〇一四）『アメリカ医療制度の政治史』名古屋大学出版会。

吉野　孝（二〇一二）「連邦下院共和党指導部」吉野孝＝前嶋和弘（編著）『オバマ政権と過渡期のアメリカ社会』東信堂。

Aldrich, John H. 1995. *Why Parties? A Second Look.* Chicago: University of Chicago Press.

Aldrich, John H. and David W. Rohde. 2005. “Congressional Committees in a Partisan Era.” In Lawrence C. Dodd and Bruce I. Oppenheimer, eds., *Congress Reconsidered* (eighth edition). Washington, D.C.: CQ Press.

Beckmann, Matthew N. and Joseph Godfrey. 2007. “The Policy Opportunities in Presidential Honeymoons.” *Political Research Quarterly* 60: 250–262.

Binder, Sarah A. 2003. *Stalemate :Causes and Consequences of Legislative Gridlock*. Washington, D.C.: Brookings Institution.

Bond, Jon R., and Richard Fleisher. 1990. *The President in the Legislative Arena*. Chicago: University of Chicago Press.

Buchler, Justin and Casey B. K. Dominguez. 2005. “The Honeymoon Effect: Investigating Individual Members’ Propensities to Support the President.” Paper prepared for delivery at the 2005 Annual Meeting of the American Political Science Association.

Cameron, Charles M. and Jee-Kwang Park. 2007. "A Primer on the President's Legislative Program." In Bert A. Rockman and Richard W. Waterman, eds., *Presidential Leadership: The Vortex of Power*. New York: Oxford University Press.

Canes-Wrone, Brandice. 2005. *Who Leads Whom? Presidents, Policy, and the Public*. Chicago: University of Chicago Press.

Cohen, Richard E. and Fred Barbash. 2011. "Newt's Next Act." *CQ Weekly*, December 3.

Coleman, John J. 1999. "Unified Government, Divided Government, and Party Responsiveness." *American Political Science Review* 93: 821–835.

Cox, Gary W. and Mathew D. McCubbins. 2005. *Setting the Agenda*. New York: Cambridge University Press.

——— 2006. *Legislative Leviathan: Party Government In the House* (second edition). New York: Cambridge University Press.

Dickinson, Matthew J. 2011. "The Presidency and the Executive Branch." In Lori Cox Han, ed., *New Directions in the American Presidency*. New York: Routledge.

Dominguez, Casey Byrne Knudsen. 2005. "Is It a Honeymoon?" *Congress & the Presidency* 32: 63–78.

Edwards III, George C. 2009. *The Strategic President: Persuasion and Opportunity in Presidential Leadership*. Princeton: Princeton University Press.

Epstein, David, Ida Pagter Kristensen, and Sharyn O'Halloran. 2007. "Conditional Presidential Leadership: Pivotal Players, Gridlock, and Delegation." In Bert A. Rockman and Richard W. Waterman, eds., *Presidential Leadership: The Vortex of Power*. New York: Oxford University Press.

Eshbaugh-Soha, Matthew. 2011. "The Public Presidency: Communications and Media." In Lori Cox Han, ed., *New Directions in the American Presidency*. New York: Routledge.

Freie, John F. 2011. *The Making of the Postmodern Presidency*. Boulder: Paradigm Publishers.

Frendreis, John, Raymond Tatalovich and Jon Schaff. 2001. "Legislative Output in the First One-Hundred Days." *Political Research Quarterly* 54: 853–870.

Gutmann, Amy, and Dennis Thompson. 2012. *The Spirit of Compromise*. Princeton: Princeton University Press.

Jones, Charles O. 1995. *Separate But Equal Branches*. Chatham: Chatham House.

——— 2005. *The Presidency in a Separated System* (second edition). Washington, D.C.: Brookings Institution.

Kazin, Michael, Rebecca Edwards, and Adam Rothman, eds. 2011. *The Concise Princeton Encyclopedia of American Political History*. Princeton: Princeton University Press.

Kernell, Samuel. 2006. *Going Public: New Strategies of Presidential Leadership* (fourth edition). Washington, D.C.: CQ Press.

Kiewiet D. Roderick and Mathew D. McCubbins. 1991. *The Logic of Delegation*. Chicago: University of Chicago Press.

Kingdon, John W. 1995. *Agendas, Alternatives, and Public Policies* (second edition). Boston: Little, Brown.

Kleinerman, Benjamin A. 2014. "The Constitutional Ambitions of James Madison's Presidency." *Presidential Studies Quarterly* 44: 6–26.

Lewis, David E. 2007. "The Evolution of the Institutional Presidency." In Bert A. Rockman and Richard W. Waterman, eds. *Presidential Leadership: The Vortex of Power*. New York: Oxford University Press.

——— 2012. "The Contemporary Presidency: The Personnel Process in the Modern Presidency." *Presidential Studies Quarterly* 42: 577–596.

Light, Paul C. 1998. *The President's Agenda: Domestic Policy Choice from Kennedy to Clinton* (third edition). Baltimore: Johns Hopkins University Press.

Lowi, Theodore J. 1969. *The End of the Liberalism*. New York: W. W. Norton.

Mainwaring, Scott and Matthew Soberg Shugart. 1997. *Presidentialism and Democracy in Latin America*. New York: Cambridge University Press.

Mann, Thomas E. and Norman J. Ornstein. 2012. *It's Even Worse Than It Looks*. New York: Basic Books.

Mayer, Kenneth R. 1999. "Executive Orders and Presidential Power." *Journal of Politics* 61: 445–466.

Mayhew, David R. 2005. *Divided We Govern* (second edition). New Haven: Yale University Press.

Milkis, Sidney M. 2010. "The President as a Partisan Actor." In Jeffrey M. Stonecash, ed., *New Directions in American Political Parties*. New York: Routledge.

Milkis, Sidney M., Daniel J. Tichenor, and Laura Blessing. 2013. " "Rallying Force": The Modern Presidency, Social Movements, and the Transformation of American Politics." *Presidential Studies Quarterly* 43: 641–670.

Moe, Terry M. 1985. "The Politicized Presidency." In John E. Chubb and Paul E. Peterson, eds., *The New Direction in American Politics*. Washington, D.C.: Brookings Institution.

——— 1989. "The Politics of Bureaucratic Structure." In John E. Chubb and Paul E. Peterson, eds., *Can the Government Govern?* Washington, D.C.: Brookings Institution.

Neustadt, Richard E. 1990. *Presidential Power and the Modern Presidents*. New York: Free Press.

Ornstein, Norman J., Thomas E. Mann, Michael J. Malbin, Andrew Rugg, and Raffaela Wakeman. 2014. *Vital Statistics on Congress* (Data Last Updated April 23, 2014). Online Publication at http://www.brookings.edu/vitalstats.

Owens, John E. 1998. "Taking Power? Institutional Change in the House and Senate." In Dean McSweeney and John E. Owens. eds., *The Republican Takeover of Congress*. Houndmills: Macmillan.

Rohde, David W. 1991. *Parties and Leaders in the Postreform House*. Chicago: University of Chicago Press.

Rudalevige, Andrew. 2002. *Managing the President's Program*. Princeton, Princeton University Press.

Samuels, David J. and Matthew S. Shugart. 2010. *Presidents, Parties, and Prime Ministers*. New York: Cambridge University Press.

Shipan, Charles R. 2006. "Does Divided Government Increase the Size of the Legislative Agenda?" In Scott Adler and John S. Lapinski, eds., *The Macropolitics of Congress*. Princeton: Princeton University Press.

Shugart, Matthew Soberg, and John M. Carey. 1992. *Presidents and Assemblies: Constitutional Design and Electoral Dynamics*. New York: Cambridge University Press.

Sinclair, Barbara. 2000. "Republican House Majority Party Leadership in the 104th and 105th Congresses." In William T. Bianco, ed., *Congress on Display, Congress at Work*. Ann Arbor: University of Michigan Press.

——— 2006. *Party Wars :Polarization and the Politics of National Policy Making*. Norman: University of Oklahoma Press.

Skocpol, Theda and Vanessa Williamson. 2012. *The Tea Party and the Remaking of Republican Conservatism*. New York: Oxford University Press.

Skowronek, Stephen. 1993. *The Politics President Make*. Cambridge: The Belknap Press of Harvard University Press.

——— 2008. *Presidential Leadership in Political Time*. Lawrence: University Press of Kansas.

Stanley, Harold W., and Richard G. Niemi. 2015. *Vital Statistics on American Politics 2015–2016*. Los Angels: Sage.

Stimson, James A. 2015. *Tides of Consent: How Public Opinion Shapes American Politics* (second edition). New York: Cambridge University Press.

Sundquist, James. 1992. *Constitutional Reform and Effective Government*. Washington, D.C.: Brookings Institution.

Taylor, Steven L., Matthew S. Shugart, Arend Lijphart, and Bernard Grofman. 2014. *A Different Democracy: American Government in a Thirty-One-Country Perspective*. New Haven: Yale University Press.

Times Miller Center for The People & The Press. 1993. "As Year Ends... Clinton Successes Repair Image." Paper Released on December 9, 1993.

Vaughn, Justin S. and José D. Villalobos. 2011. "White House Staff." In Lori Cox Han, ed., *New Directions in the American Presidency*. New York: Routledge.

Weingast, Barry R. and William J. Marshall. 1988. "The Industrial Organization of Congress." *Journal of Political Economy* 96: 132–63.

あとがき

アメリカの大統領は、提唱した政策を思ったほど実現できるわけではない。大学院でアメリカ政治についての勉強を始めた頃に抱いた、ごく素朴な第一印象である。筆者は学部を卒業するまで、アメリカに行ったことも住んだこともなかった。大統領の名前くらいは知っていたが、大学院への進学を決めるまではアメリカの政治に強い関心を抱いたことはなく、概説書や教科書もほとんど読んだことはなかった。在学していた当時の京都大学法学部では、アメリカ政治に関する科目はまだ開講されていなかったからである。本書第一章の図1・2に示した合衆国憲法による正統性原理の転換については、英米法の講義で木南敦先生に教えていただき強い印象を受けたが、それは稀な例外だったといってよい。

それだけに、日本を含め世界中で注目されているアメリカの大統領が、国内では連邦議会をはじめとする他の部門やアクターが受け入れてくれる限りにおいてのみ政策を実現できるというのは、非常に新鮮な驚きであった。大学院での研究テーマとしては、都市政策をめぐる連邦制や中央地方関係を当初考えていた。しかし、修士課程に入って間もなく、一九八〇年代のロナルド・レーガン政権が打ち出した中央地方関係の改革構想である「新連邦主義」が議会によって立法化を阻まれたという研究を偶然読み、そこに示されていた大統領にとっての制約の大きさと議事手続きの精妙さに心を奪われた。

そのときから既に二〇年以上の時間が経ち、ひどく回り道を繰り返した末に、なお不十分ではあるが、ようやく大統領についてまとまった議論を提示することができた。それが本書である。時間を要した最大の理由は、もちろん筆者自身の怠惰である。アメリカと日本の研究水準の格差をより強く感じたため、それを少しでも埋めたいと思い、大学院から博士論文までの研究テーマとしてまず連邦議会を扱ったという事情はある。しかし、大学院生として留学していたウィスコンシン大学マディソン校では、本書でも言及したチャールズ・ジョーンズ先生の大統領制に関するセミナーに参加し、「分離した、しかし対等な部門」という概念について直接教えていただいていたのだから、もっと早くに取り組むべき課題であったと言わざるを得ない。

しかし同時に、回り道したがゆえの「怪我の功名」のようなものも感じる。アメリカ大統領制のあり方を考えるためには、現在の大統領だけを見ていては不十分だという着想が、本書の議論の根底にはある。その着想を具体化していくためには、アメリカの連邦議会や政党についての歴史的展開を含めた把握や、憲法体制や政治制度構造についての比較政治学に基づく分析が必要であった。それらはいずれも、筆者がこれまでに行ってきた他の研究を通じて得られた。岡山裕さんや松本俊太さんから、筆者の現代アメリカ政治についての研究に対して頂戴した書評やコメントにも、非常に啓発された。

本書を構成する章の多くは、別個に公表された論文を原型としている。しかし、ここまで述べてきたような本書の成立に至る経緯から、各論文を公表した時点と現在では、アメリカ大統領制に関する筆者の理解は同じではない。本書執筆に際しては、データの更新や文章表現の見直しはもちろんのこと、それぞれの時期に萌芽的に考えるにとどまっていたことや、不十分なまま扱い切れていなかったこと、よく分かっていなかったことを、全面的に再検討した。複数の論文を基に一つの章を構成した箇所や、単一の論文を部分ごとに別の章に配置した箇所なども多く、原型論文を素材として活用しながらも、本書は一貫した論旨で構成されているはずである。

実に拙い小著ではあるが、書き上げるまでの過程では多くの方々にお世話になった。具体的なお名前はこれまでの拙著と重複するので差し控えるが、家族や職場の同僚をはじめとして、普段から筆者を支えてくださっている周囲の人々のおかげで研究生活が送れているという気持ちは、常に忘れずにいたいと思う。また、授業の受講や試験答案、レポートの提出などを通じて、ともすれば違うことに関心が向きがちな筆者を常にアメリカ政治へと引き戻してくれる、京都大学法学部や大学院法学研究科、公共政策大学院の学生と院生の皆さんにも、感謝の気持ちでいっぱいである。

そして、筆者に本書の執筆を勧め、刊行まで粘り強くお付き合いくださった、ＮＨＫ出版の倉園哲さんに心から御礼申し上げたい。筆者がアメリカ政治に関する単著にもう一度取り組もうという気持ちになり、このタイミングで本書を世に出すことができたのは、ひとえに倉園さんのおかげである。

二〇一六年八月

待鳥聡史

索　引

英数

あ行

か行

さ行

た行

な行

は行

ま行

や行

ら行

わ行

アメリカ大統領制年表

イギリス植民地時代

1607年	ロンドン社がジェイムズタウンを建設
1619年	ヴァージニア植民地で公選による**代議会**設立
1620年	ニューイングランド評議会がプリマス植民地を建設。入植者がピルグリム・ファーザーズと呼ばれる
1688年	イギリスで名誉革命。翌年、議会が提出した「権利宣言」が権利章典として制定される
1732年	ジョージア植民地成立（13植民地の成立）
1754年	フレンチ・インディアン戦争（-1763）
1764年	砂糖法
1765年	印紙法
1767年	タウンゼンド諸法
1773年	ボストン茶会事件
1775年	**独立戦争**勃発
1776年	ニュージャージー邦憲法（最初の**邦憲法**）制定
	ヴァージニア邦で権利章典採択。続いて統治機構が規定される（のちに併せてヴァージニア憲法と呼ばれる）
	13邦による独立宣言

国家連合時代

1777年	**連合規約**採択
1780年	マサチューセッツ邦で憲法制定。統治機構規定と権利章典を併せて一つの文書とする
1781年	連合規約を全邦が批准、発効
1783年	パリ条約。イギリスがアメリカの独立を承認
1787年	フィラデルフィア憲法制定会議

連邦制国家時代（現在まで）

1788年	ニューハンプシャー邦が憲法案を批准し、**合衆国憲法**が発効。議会選挙（-1789）
1789年	最初の大統領選挙。ワシントンが初代の**大統領**として首都ニューヨークで就任演説。第一回連邦議会開催、

連邦政府の活動が開始

【1790年代からフェデラリスツとリパブリカンズが二大政党に。「第一次政党制」の時代。1800年以降は、連邦議会も大統領ポストもリパブリカンズが優位】

1797年　ワシントンが離任演説

1800年　大統領選挙でジェファソンが当選。初の**政権交代**

1803年　マーベリ対マディソン事件判決。**司法審査権**の確立

1824年　大統領選挙でアダムズがジャクソンに逆転勝利

1829年　ジャクソンが大統領に就任。初の**民主党**大統領に

【この頃から民主党とホイッグ党が二大政党に。「第二次政党制」の時代。連邦議会は民主党優位の会期がかなり多い】

1845年　タイラー大統領が拒否権を行使し、それを議会が3分の2の多数で覆す（最初のオーヴァーライド）

1860年　大統領選挙でリンカーンが当選。初の**共和党**大統領に

【1854年に成立した共和党が、民主党との二大政党に。変動の多い「第三次政党制」の時代。連邦議会では多数党交代が多い】

1861年　南北戦争（-1865）

1869年　大陸横断鉄道（シカゴ―サンフランシスコ間）開通

1898年　米西戦争

【1890年代から、議会を含めて共和党が優位を確立。「第四次政党制」の時代。連邦議会では多数党交代が少なくなる】

1913年　憲法修正17条により上院議員が各州からの直接公選となる

1914年　第一次世界大戦（アメリカは1917年参戦、-1918）

1921年　予算・会計法。**予算教書**のあり方を定める

1929年　世界大恐慌

1933年　民主党のフランクリン・ローズヴェルトが大統領に就任。ニューディール開始

【1932年選挙から、連邦議会を含めて民主党が非常に優勢。「第五次政党制」の時代】

1935年　社会保障法

1939年　**大統領府**創設
第二次世界大戦（アメリカは1941年参戦、-1945）
1945年　ローズヴェルト死去、副大統領のトルーマンが大統領に昇任
1948年　大統領選挙で現職のトルーマンが当選
1953年　共和党のアイゼンハウアーが大統領に就任
1954年　中間選挙。下院で民主党が多数を回復し、以降1995年まで継続
1961年　民主党のケネディが大統領に就任
1963年　ケネディ暗殺、副大統領のジョンソンが大統領に昇任
1964年　公民権法
ヴェトナムでトンキン湾事件。以後アメリカによる軍事介入が本格化（ヴェトナム戦争、-1975）
ジョンソン大統領が「偉大な社会」プログラムを提唱
1968年　大統領選挙で共和党のニクソンが当選
【この頃、民主党を支えてきた「ニューディール連合」が崩壊。社会経済的課題に対して、大統領が中心となり連邦政府が積極的に取り組むことを望ましいとする「リベラル・コンセンサス」も失われる。またこれ以降、頻繁に**分割政府**が生じるようになる。両政党とも優位を確立できないが連邦議会では多数党交代が少ないまま】
1972年　ニクソン再選
1973年　パリ和平協定。アメリカ軍がヴェトナムから撤退
第一次石油危機
1974年　ウォーターゲイト事件でニクソン辞任。副大統領のフォードが大統領に昇任
議会予算法。予算編成権を議会に取り戻す試み
1977年　民主党のカーターが大統領に就任。エネルギー政策発表。不成立に
1980年　議会選挙、上院で26年ぶりに共和党が多数に（下院は民主党多数が続く）

1981年　共和党のレーガンが大統領に就任、レーガノミックス開始

1984年　レーガン再選

1986年　中間選挙、上院で6年ぶりに民主党が多数に

【この頃、両政党内部で一体性が強まり始める。また、支持基盤とイデオロギーの純化が進んで**凝集性**が高まる】

1989年　共和党のジョージ・H・W・ブッシュが大統領に就任

1993年　民主党のビル・クリントンが大統領に就任

北米自由貿易協定（NAFTA）実施法案成立

世論調査で63%の人がビル・クリントンを「なすべきことをできる人物」と答える

1994年　中間選挙に際し、共和党がギングリッチの主導により綱領『アメリカとの契約』を掲げる。上院で8年ぶり、下院で40年ぶりに共和党が多数に

【この頃から二大政党の対立が強まり、**分極化**が指摘されるようになる。また、連邦議会での多数党交代の頻度が増える】

1995年　連邦政府の一部機関が予算未成立のため閉鎖

1996年　歳出予算法成立。共和党の大幅な譲歩

福祉改革法成立。大統領と議会の協調

項目別拒否権法が成立

ビル・クリントン再選

1998年　項目別拒否権法に連邦最高裁が違憲判決を出し、同法は失効

2001年　共和党のジョージ・W・ブッシュが大統領に就任

9・11同時多発テロ

2004年　ジョージ・W・ブッシュ再選

2005年　ハリケーン・カトリーナ被害

2006年　中間選挙、上下両院で12年ぶりに民主党が多数に

2008年　リーマンショック

大統領選挙で民主党のオバマが当選。議会選挙で民

	主党が多数を維持
2009年	オバマ就任、大規模な景気対策を実施
2010年	医療保険改革法（オバマケア）成立 ティーパーティ運動活発化。中間選挙、下院で4年ぶりに共和党が多数に
2011年	連邦政府の一部機関が予算未成立のため閉鎖
2012年	オバマ再選
2014年	中間選挙、上院で8年ぶりに共和党が多数に
2016年	アントニン・スカリア最高裁判事が逝去、後任未定 共和党がドナルド・トランプを、民主党がヒラリー・クリントンを大統領選挙の候補者に指名 大統領選挙、議会選挙

NHK BOOKS

＊政治・法律

現代民主主義の病理―戦後日本をどう見るか― 佐伯啓思
外交と国益―包括的安全保障とは何か― 大江 博
国家論―日本社会をどう強化するか― 佐藤 優
マルチチュード―〈帝国〉時代の戦争と民主主義―(上)(下) アントニオ・ネグリ／マイケル・ハート
コモンウェルス―〈帝国〉を超える革命論―(上)(下) アントニオ・ネグリ／マイケル・ハート
叛逆―マルチチュードの民主主義宣言― アントニオ・ネグリ／マイケル・ハート
ODAの現場で考えたこと―日本外交の現在と未来― 草野 厚
現代ロシアを見る眼―「プーチンの十年」の衝撃― 木村 汎／袴田茂樹／山内聡彦
中東危機のなかの日本外交―暴走するアメリカとイランの狭間で― 宮田 律
ポピュリズムを考える―民主主義への再入門― 吉田 徹
中東 新秩序の形成―「アラブの春」を超えて― 山内昌之
「デモ」とは何か―変貌する直接民主主義― 五野井郁夫
権力移行―何が政治を安定させるのか― 牧原 出
国家緊急権 橋爪大三郎
自民党政治の変容 中北浩爾
未承認国家と覇権なき世界 廣瀬陽子
安全保障を問いなおす―「九条―安保体制」を越えて― 添谷芳秀

＊経済

分断される経済―バブルと不況が共存する時代― 松原隆一郎
考える技術としての統計学―生活・ビジネス・投資に生かす― 飯田泰之
生きるための経済学―〈選択の自由〉からの脱却― 安冨 歩
資本主義はどこへ向かうのか―内部化する市場と自由投資主義― 西部 忠
ドル・円・ユーロの正体―市場心理と通貨の興亡― 坂田豊光
日本銀行論―金融政策の本質とは何か― 相沢幸悦
雇用再生―持続可能な働き方を考える― 清家 篤
希望の日本農業論 大泉一貫

※在庫品切れの際はご容赦下さい。

待鳥聡史（まちどり・さとし）
1971年、福岡県に生まれ、関西で育つ。京都大学大学院法学研究科教授。専攻は比較政治論。京都大学法学部卒、同大大学院法学研究科博士後期課程退学。京都大学博士（法学）。大阪大学大学院法学研究科助教授などを経て現職。
著書に『財政再建と民主主義――アメリカ連邦議会の予算編成改革分析』（有斐閣、アメリカ学会清水博賞）、『〈代表〉と〈統治〉のアメリカ政治』（講談社選書メチエ）、『首相政治の制度分析――現代日本政治の権力基盤形成』（千倉書房、サントリー学芸賞）、『政党システムと政党組織』（東京大学出版会）、『代議制民主主義――「民意」と「政治家」を問い直す』（中公新書）、『比較政治制度論』（共著、有斐閣）、『「憲法改正」の比較政治学』（共編、弘文堂）など。

NHK *BOOKS* 1241

アメリカ大統領制の現在
権限の弱さをどう乗り越えるか

2016（平成28）年9月25日　第1刷発行

著　者　待鳥聡史　©2016　Machidori Satoshi
発行者　小泉公二
発行所　NHK出版
東京都渋谷区宇田川町41-1　郵便番号150-8081
電話 0570-002-247（編集）　0570-000-321（注文）
ホームページ　http://www.nhk-book.co.jp
振替　00110-1-49701
装幀者　水戸部 功
印　刷　三秀舎・近代美術
製　本　三森製本所

Printed in Japan　ISBN978-4-14-091241-6 C1331